HEIMAT KÜCHE

König Berg

INHALTSVERZEICHNIS

SUPPEN & SALATE

Kräftige Suppen und herzhafte Salate machen den Auftakt für die kulinarische Reise durch unsere heimische Küche.

LÄSST SICH SUPER VORBEREITEN

Wiener Gulaschsuppe mit Kartoffeln

Die lange Garzeit macht das Fleisch butterweich und die Gewürze geben den richtigen Pfiff. Die Wiener Gulaschsuppe ist ein echter Hochgenuss.

600 g Rindfleisch (aus der Wade oder Schulter)
500 g Zwiebeln
4 Knoblauchzehen
1 TL Kümmelsamen
2 EL Butterschmalz
2 EL Paprikapulver (edelsüß)
¾ TL Paprikapulver (rosenscharf)
1 TL Tomatenmark
2 EL Rotweinessig
Salz
Pfeffer
1,2 l Rinderbrühe
300 g vorwiegend festkochende Kartoffeln
1 Bio-Zitrone
3 Stängel Majoran

Für 4 Personen
Zubereitung: 40 Min. | Garen: 2 Std.
Pro Portion ca. 380 kcal, 36 g E, 18 g F, 19 g KH

1 Das Rindfleisch in 1 – 2 cm große Würfel schneiden. Die Zwiebeln und den Knoblauch schälen. Die Zwiebeln halbieren und in dünne Scheiben schneiden. Den Knoblauch mit dem Kümmel hacken.

2 Das Butterschmalz in einem schweren Topf erhitzen. Die Zwiebeln darin bei großer Hitze unter häufigem Rühren in etwa 5 Min. goldbraun braten. Den Knoblauch mit Kümmel, Paprikapulver und Tomatenmark unterrühren. Mit dem Essig ablöschen.

3 Das Fleisch in den Topf geben, mit Salz und Pfeffer würzen und bei kleiner Hitze etwa 2 Std. dünsten, dabei den Deckel einen winzigen Spalt offen lassen. Die Brühe in einen Topf geben und aufkochen lassen. Ab und zu sehr wenig Brühe zum Fleisch geben, erst ca. 30 Min. vor Garzeitende den großen Rest Brühe dazugießen.

4 Die Kartoffeln schälen und in Würfel schneiden. Ca. 30 Min. vor Garzeitende mit der übrigen Brühe zur Suppe geben. Die Zitrone heiß waschen, abtrocknen und die Schale fein abreiben. Den Majoran waschen und trocken schütteln, die Blätter abzupfen, hacken und mit der Zitronenschale kurz vor dem Servieren unter die Suppe rühren. Die Gulaschsuppe mit Salz und Pfeffer abschmecken und auf tiefe Teller verteilen.

TYPISCH WIENER GULASCH

Eine original Wiener Gulaschsuppe verdankt ihren typischen Geschmack Fleischsaft, Zwiebeln und Paprikapulver. Man schmeckt keine Röststoffe, denn das Fleisch wird nicht angebraten, sondern nur sanft gedünstet. Nach dem gleichen Rezept können Sie übrigens ein Gulasch zubereiten: Schneiden Sie dafür das Fleisch in 3 – 4 cm große Würfel, geben nur ½ l Brühe dazu und lassen Sie die Kartoffeln weg.

SHERRY-WÜRZIG

Zwiebelsuppe mit Kräuternocken

80 g Butter
150 g Quark
130 g Weichweizengrieß
1 EL geriebener Parmesan
1 TL TK-8-Kräuter-Mischung
2 Eier (M)
Salz
Pfeffer
600 g Zwiebeln
3 Rosmarinzweige
100 – 150 ml trockener Weißwein
5 EL Sherry medium
1 l Gemüsebrühe

Für 4 Personen
Zubereitung: 50 Min.
Pro Portion ca. 435 kcal, 15 g E, 3 g F, 35 g KH

1 Für die Nocken 30 g Butter schmelzen. Mit Quark, Grieß, Parmesan, Kräutern und den Eiern verrühren sowie mit Salz und Pfeffer kräftig würzen. Einen Topf mit Salzwasser zum Kochen bringen und dann knapp unter dem Siedepunkt halten.

2 Mit zwei Löffeln aus dem Teig Nocken formen und in das Wasser gleiten lassen. Insgesamt 16 – 20 Nocken formen und jeweils 8 – 10 Min. ziehen lassen. Aus dem Wasser nehmen und beiseitestellen.

3 Zwiebeln schälen, in feine Ringe schneiden. Mit restlicher Butter und Rosmarinzweigen anschwitzen, bis die Zwiebeln glasig und ganz leicht gebräunt sind. Mit 100 ml Wein ablöschen. Die Flüssigkeit verkochen lassen, dann Sherry und Brühe dazugeben. Aufkochen und ca. 10 Min. leise kochen lassen.

4 Die Nocken in die Suppe geben und noch einmal ca. 5 Min. ziehen lassen. Mit Wein, Salz und Pfeffer abschmecken und servieren.

WÜRZIGER KLASSIKER

Klare Ochsenschwanzsuppe

2 Zwiebeln
1 Zweig Thymian
3 EL Öl
1 kg Ochsenschwanz (vom Metzger in 3 – 4 cm große Stücke oder Scheiben hacken lassen)
250 ml trockener Weißwein
1 ½ l Fleischbrühe
2 Lorbeerblätter
1 TL schwarze Pfefferkörner
2 Möhren
2 Petersilienwurzeln
1 Stück Knollensellerie (ca. 200 g)
2 EL Madeira oder trockener Sherry (nach Belieben)
Salz
frisch geriebene Muskatnuss

Für 4 Personen
Zubereitung: 30 Min. | Garen: 3 Std. 15 Min.
Pro Portion ca. 330 kcal, 26 g E, 13 g F, 18 g KH

1 Die Zwiebeln schälen und vierteln. Den Thymian waschen und trocken schütteln. Das Öl in einem breiten Topf erhitzen, die Ochsenschwanzstücke darin rundherum anbraten und herausnehmen. Den Bratensatz mit dem Wein ablöschen und etwas einkochen lassen. Dann die Brühe dazugießen. Ochsenschwanzstücke, Zwiebeln, Thymian, Lorbeerblätter und Pfefferkörner hinzufügen und alles zugedeckt knapp unter dem Siedepunkt ca. 3 Std. ziehen lassen, dabei öfter den aufsteigenden Schaum abschöpfen.

2 Möhren, Petersilienwurzeln und Sellerie schälen und in sehr kleine Würfel schneiden. Nach ca. 3 Std. die Ochsenschwanzstücke aus der Brühe nehmen. Das Fleisch von den Knochen lösen und klein schneiden. Die Brühe durch ein feines Sieb in einen Topf gießen, die Gemüsewürfel hinzufügen und in ca. 15 Min. gar ziehen lassen. Die Fleischstücke wieder in die Brühe geben und erwärmen. Die Suppe nach Belieben mit Madeira oder Sherry, Salz und Muskatnuss abschmecken.

Klare Gemüsebrühe mit Butterklößchen

Das Rezept für die klare Gemüsebrühe gehört zum Standardrepertoire eines jeden Hobbykochs. Als Einlage eignen sich Nudeln, Nocken und vieles mehr.

Für die Brühe:
2 Zwiebeln
1 kleines Stück Ingwer (ca. 10 g)
3 Möhren
2 Petersilienwurzeln
ca. ¼ Sellerieknolle
1 Stange Lauch
1 Tomate
3 Stiele Petersilie
2 EL Öl
1 TL weiße Pfefferkörner
1 Lorbeerblatt
Salz
Für die Klößchen:
40 g Butter
Salz
100 g Mehl
2 Eier (M)
Außerdem:
Schnittlauchröllchen zum Garnieren

Für 4 Personen
Zubereitung: 1 Std. 10 Min. | Garen: 1 Std. 30 Min.
Pro Portion ca. 295 kcal, 10 g E, 15 g F, 29 g KH

1 Für die Brühe die Zwiebeln schälen und quer halbieren. Den Ingwer schälen. Möhren, Petersilienwurzeln und Sellerie schälen und grob würfeln. Lauch putzen, längs halbieren und waschen, die Hälften in 3 – 4 cm lange Stücke schneiden. Die Tomate waschen und halbieren, dabei den Stielansatz entfernen. Die Petersilie waschen und trocken schütteln.

2 Das Öl in einem großen Topf erhitzen, die Zwiebelhälften darin mit der Schnittfläche nach unten dunkel anrösten. Ingwer, Möhren, Petersilienwurzeln, Sellerie und Lauch dazugeben und unter Rühren kurz andünsten. Ca. 3 l Wasser dazugießen. Petersilie, Pfefferkörner und das Lorbeerblatt hinzufügen und das Wasser aufkochen. Die Brühe dann offen bei mittlerer Hitze ca. 1 ½ Std. leicht köcheln lassen. Anschließend durch ein Sieb in einen Topf gießen und zugedeckt bis zum Gebrauch beiseitestellen.

3 Ca. 30 Min. bevor die Brühe fertig ist, für die Klößchen 125 ml Wasser mit Butter und ½ TL Salz in einem Topf mit schwerem Boden zum Kochen bringen. Mehl auf einmal hineinschütten und rühren, bis sich ein Kloß bildet und ein weißer Film auf dem Topfboden zu sehen ist. Topf von der Herdplatte ziehen und Eier nacheinander unterrühren (dabei muss sich immer wieder ein Kloß bilden).

4 Reichlich Wasser zum Kochen bringen und salzen. Von dem Teig mit zwei Teelöffeln kleine ovale Klößchen abstechen und im leicht siedenden Salzwasser in 2 – 3 Min. gar ziehen lassen. Die Klößchen sind fertig, wenn sie an der Oberfläche schwimmen. Mit dem Schaumlöffel herausheben.

5 Die Gemüsebrühe erhitzen, auf Schüsseln oder tiefe Teller verteilen und die Klößchen einlegen. Mit Schnittlauch bestreut servieren.

VARIANTE KRÄUTER-PARMESAN-KLÖSSCHEN

Dafür 1 Bund Petersilie waschen und trocken schütteln, die Blätter abzupfen und fein hacken. 30 g Parmesan fein reiben. Den Butterklößchenteig wie im Rezept beschrieben zubereiten. Zum Schluss den Parmesan und die gehackte Petersilie unter den Teig rühren. Klößchen formen, in leicht siedendem Salzwasser in 2 – 3 Min. gar ziehen lassen und in der Brühe servieren.

oben: Kürbis-Süßkartoffel-Suppe | unten: Käse-Lauch-Suppe

CREMIG FEIN

Kürbis-Süßkartoffel-Suppe

1 Hokkaido-Kürbis (ca. 1 kg)
400 g Süßkartoffeln
1 Zwiebel
2 Knoblauchzehen
3 Stiele Petersilie
3 EL Öl
1 l Gemüsebrühe
Salz
1 ½ TL Currypulver
300 g Lamm- oder Rinderhackfleisch
200 g Schmand
3 TL Harissa (oriental. Chilipaste)
3 EL Kürbiskerne

Für 4 Personen
Zubereitung: 45 Min.
Pro Portion ca. 555 kcal, 20 g E, 37 g F, 32 g KH

1 Kürbis waschen, putzen, entkernen und klein schneiden. Süßkartoffeln schälen, in Stücke schneiden. Zwiebel schälen, grob würfeln. Knoblauch schälen, 1 Zehe in Scheiben schneiden. Petersilie waschen, trocken schütteln, Blätter fein hacken. Kürbis, Süßkartoffeln, Zwiebel und Knoblauchscheiben in 1 EL Öl bei starker Hitze andünsten, Brühe zugießen. Mit Salz und 1 TL Curry würzen und zugedeckt bei mittlerer Hitze ca. 20 Min. kochen.

2 Inzwischen 1 Knoblauchzehe zum Hack pressen. Mit Petersilie, 1 EL Schmand, 1 TL Harissa, ½ TL Curry und Salz verkneten. Hack zu ca. 16 Klößchen formen. Kürbiskerne in einer Pfanne ohne Fett rösten, herausnehmen. 2 EL Öl in der Pfanne erhitzen und die Klößchen darin bei starker Hitze rundherum ca. 10 Min. braten. Suppe vom Herd nehmen und fein pürieren. Übrigen Schmand und 2 TL Harissa unterrühren und die Suppe abschmecken. Mit Hackklößchen und Kürbiskernen anrichten.

Käse-Lauch-Suppe

2 – 3 Stangen Lauch (ca. 500 g)
250 g Champignons
1 Zwiebel
2 EL Butter
300 g Mett
750 ml Gemüsebrühe
125 ml trockener Weißwein (oder Gemüsebrühe)
Salz
Pfeffer
frisch geriebene Muskatnuss
150 g Sahne
2 – 3 EL Mehl
200 g Sahne-Schmelzkäse

Für 4 Personen
Zubereitung: 35 Min.
Pro Portion ca. 510 kcal, 26 g E, 37 g F, 10 g KH

1 Den Lauch putzen, längs aufschneiden, gründlich waschen und in Streifen schneiden. Die Pilze putzen, bei Bedarf mit einem Tuch abreiben und in Scheiben schneiden. Die Zwiebel schälen und in feine Würfel schneiden.

2 Die Butter in einem Topf erhitzen und das Mett darin bei mittlerer Hitze krümelig anbraten. Den Lauch, die Pilze und die Zwiebel dazugeben und alles ca. 5 Min. andünsten. Die Brühe und den Wein zugießen und die Suppe ca. 5 Min. kochen. Mit Salz, Pfeffer und Muskat würzen.

3 Die Sahne und das Mehl verrühren, in die Suppe rühren und ca. 5 Min. kochen. Den Schmelzkäse in Stücke schneiden und in der Suppe unter Rühren auflösen, dabei den Topf vom Herd nehmen. Die Suppe vor dem Servieren nochmals abschmecken.

MACHT LANGE SATT

Bayerische Brotsuppe mit Kräutern

Die Kombination von Kräutern aus Wald und Wiese mit kräftigem Brot und deftiger Leberwurst macht diese Suppe zu einem aromatischen Highlight.

1 Bund Suppengrün
4 EL Rapsöl
2 EL getrocknete Berberitzen (oder getrocknete Cranberrys)
1 TL Fenchelsamen
1 TL Korianderkörner
Salz
Pfeffer
1 Handvoll Wald- und Wiesenkräuter (z. B. junger Giersch, Bärlauch, Löwenzahn, Gänseblümchen, Bach- oder Brunnenkresse)
200 g altbackenes Roggenbrot
2 Zwiebeln
1 kleiner aromatischer Apfel
200 g grobe Leberwurst

Für 4 – 6 Personen
Zubereitung: 35 Min.
Pro Portion ca. 290 kcal, 9 g E, 17 g F, 24 g KH

1 Das Suppengrün schälen bzw. putzen, waschen und in kleine Würfel schneiden. In einer Pfanne 1 EL Öl erhitzen und das Gemüse darin 2 – 3 Min. andünsten. Die Berberitzen und Fenchelsamen hacken, die Korianderkörner mit der Breitseite eines großen Messers oder im Mörser zerdrücken und alles zum Gemüse geben. 1 l Wasser angießen und aufkochen lassen, leicht salzen und das Gemüse mit den Gewürzen bei kleiner Hitze ca. 20 Min. köcheln lassen. Die Brühe gegen Ende der Garzeit mit Salz und Pfeffer würzen.

2 Inzwischen die Wald- und Wiesenkräuter waschen, trocken schütteln und zerzupfen. Das Brot zuerst in dünne Scheiben schneiden, dann in größere Stücke brechen. Die Brotstücke in einer beschichteten Pfanne ohne Fett auf beiden Seiten in ca. 4 Min. knusprig rösten und herausnehmen. Die Zwiebeln schälen, vierteln und in schmale Streifen schneiden. Den Apfel waschen und vierteln, das Kerngehäuse entfernen und die Viertel quer in dünne Scheiben schneiden. In der Pfanne 2 EL Öl erhitzen und die Zwiebeln darin bei mittlerer Hitze in ca. 4 Min. goldbraun braten, dabei öfter umrühren. Die Apfelscheiben dazugeben und ca. 2 Min. mitgaren. Mit Salz und Pfeffer würzen und die Zwiebel- und Apfelstücke mit dem Röstbrot auf tiefe Teller verteilen.

3 Die Leberwurst in 8 Scheiben schneiden. Das restliche Öl in der Pfanne erhitzen und die Wurstscheiben darin auf jeder Seite ca. 2 Min. braten. Vorsichtig aus der Pfanne in die Teller heben und mit der heißen Gemüsebrühe aufgießen. Die Brotsuppe mit den Kräutern bestreuen und servieren.

FÜR KENNER & LIEBHABER

Geriebene Kartoffelsuppe

1 l Fleischbrühe
350 g mehligkochende Kartoffeln
2 Zwiebeln
100 g geräucherte Blutwurst
1 EL Schweineschmalz (ersatzweise Butterschmalz)
2 EL Sultaninen
1 TL getrockneter Majoran
1 säuerlicher Apfel (z. B. Boskop, ca. 200 g)
500 ml Buttermilch
Salz
Pfeffer

Für 4 Personen
Zubereitung: 1 Std.
Pro Portion ca. 285 kcal, 9 g E, 14 g F, 27 g KH

1 Die Brühe in einem Topf aufkochen. Kartoffeln und Zwiebeln schälen. Kartoffeln und 1 Zwiebel in eine Schüssel fein reiben.

2 Kartoffel- und Zwiebelraspel samt ausgetretener Flüssigkeit in die heiße Brühe geben und ca. 25 Min. bei mittlerer Hitze offen kochen lassen, bis die Brühe gebunden ist. Dabei immer wieder umrühren. Sollte die Suppe zu dick sein, noch etwas Brühe zugießen.

3 Inzwischen die übrige Zwiebel würfeln. Blutwurst pellen und würfeln. Schmalz erhitzen und die Zwiebelwürfel darin leicht bräunen. Blutwurst, Sultaninen und Majoran zugeben und ca. 1 Min. mitbraten.

4 Den Apfel schälen, fein reiben und mit der Buttermilch zur Suppe geben, ca. 1 Min. offen kochen lassen. Die Suppe mit Salz und Pfeffer abschmecken. Die heiße Suppe auf Teller verteilen und mit der Blutwurstmischung bestreut servieren.

Leberknödelsuppe

5 altbackene Brötchen (ersatzweise etwa 250 g Knödelbrot)
150 ml lauwarme Milch
1 kleine Zwiebel
½ Bund Petersilie
2 TL Butter
200 g Kalbs- oder Rinderleber
¼ Bio-Zitrone
2 Eier (M)
Salz
Pfeffer
frisch geriebene Muskatnuss
1 l Fleischbrühe (z. B. vom Tafelspitz)
1 Bund Schnittlauch

Für 4 Personen
Zubereitung: 25 Min. | Garen: 15 Min.
Pro Portion ca. 320 kcal, 20 g E, 10 g F, 36 g KH

1 Die Brötchen in Scheiben schneiden und in eine größere Schüssel füllen. Die Milch darübergießen und die Brötchen ca. 10 Minuten einweichen.

2 Inzwischen Zwiebel schälen und fein würfeln. Petersilie abbrausen und trocken schütteln, Blättchen abzupfen und fein hacken. Butter in einer kleinen Pfanne zerlaufen lassen. Zwiebel und Petersilie darin bei schwacher Hitze 3 – 4 Minuten andünsten. Zu den Brötchen in die Schüssel geben.

3 Die Leber in Würfel schneiden, alle Häute dabei entfernen. Leber in der Küchenmaschine fein zerkleinern, ebenfalls in die Schüssel geben. Zitrone heiß waschen, die Schale fein abreiben und mit Eiern, Salz, Pfeffer und Muskat in die Schüssel füllen. Alles zu einer sehr gut gebundenen Masse verkneten. Daraus 16 kleine, runde Knödel formen.

4 Brühe in einem großen Topf erhitzen. Knödel einlegen, die Hitze auf schwache Stufe stellen und die Knödel in der Brühe in etwa 15 Minuten gar ziehen lassen. Die Brühe soll dabei nicht kochen, sondern nur leise köcheln. Schnittlauch waschen, trocken schütteln und in feine Röllchen schneiden. Die Suppe abschmecken und vor dem Essen Schnittlauch aufstreuen.

Kürbiscremesuppe mit gebratenen Steinpilzen

Kürbiscremesuppe ist ein echter Klassiker unter den Suppen und schmeckt nicht nur im Herbst. Die Steinpilze verleihen ihr zudem einen Aromakick.

800 g Kürbis (z. B. Hokkaido- oder Moschuskürbis, geputzt ca. 600 g)
1 kleine mehligkochende Kartoffel
1 große Zwiebel
4 EL Butter
200 ml lieblicher Cidre (ersatzweise Apfelmost)
500 ml Gemüsebrühe
Salz
Pfeffer
frisch geriebene Muskatnuss
200 g möglichst kleine Steinpilze
1 Knoblauchzehe
1 Zweig Rosmarin
150 g Sahne

Für 4 Personen
Zubereitung: 40 Min.
Pro Portion ca. 250 kcal, 6 g E, 17 g F, 13 g KH

1 Den Kürbis schälen bzw. waschen (Hokkaido muss nicht geschält werden), die Fasern und Kerne entfernen und das Fruchtfleisch in kleine Würfel schneiden. Die Kartoffel waschen, schälen und ebenfalls in Würfel schneiden. Die Zwiebel schälen und fein würfeln.

2 In einem Topf 2 EL Butter zerlassen und die Zwiebel darin goldbraun andünsten. Die Kürbis- und Kartoffelwürfel dazugeben und kurz mitdünsten. Den Cidre und die Brühe dazugießen, mit Salz, Pfeffer und Muskatnuss würzen. Den Kürbis zugedeckt bei mittlerer Hitze in 20 – 25 Min. weich garen.

3 Inzwischen die Pilze putzen, trocken abreiben und in ca. 5 mm dicke Scheiben schneiden. Den Knoblauch schälen und fein würfeln. Den Rosmarin waschen und trocken schütteln, die Nadeln abzupfen und fein hacken.

4 Die Sahne unter die Suppe rühren und erhitzen. Die Suppe mit dem Pürierstab fein pürieren und nochmals mit Salz, Pfeffer und Muskatnuss abschmecken. Die übrige Butter in einer Pfanne zerlassen und die Pilzscheiben darin bei mittlerer Hitze in 2 – 3 Min. braun braten, dabei nach ca. 1 Min. Knoblauch und Rosmarin dazugeben. Salzen, pfeffern und gut durchrühren. Die Suppe auf tiefe Teller verteilen, die Pilzscheiben und etwas Bratensatz darübergeben.

EIN DEFTIGER SATTMACHER

Winterlicher Nudelsalat

Dieser Nudelsalat überzeugt mit mediterraner Würze und kombiniert winterliches Gemüse mit Aromen aus Spanien und Italien.

400 g Penne
Salz
1 Stange Lauch
5 EL Öl (z. B. Raps- oder Distelöl)
5 – 6 EL weißer Aceto balsamico
1 EL Butter
Pfeffer
5 große Blätter Endiviensalat
100 g Manchego (spanischer Schafmilchkäse)
1 Glas Artischocken in Öl (Abtropfgewicht ca. 200 g)
2 grobe Bratwürstchen
50 g Kapernäpfel (aus dem Glas)
1 TL Dijon-Senf
1 TL Zucker

Für 4 Personen
Zubereitung: 35 Min.
Pro Portion ca. 870 kcal, 28 g E, 46 g F, 85 g KH

1 Die Nudeln nach Packungsangabe in kochendem Salzwasser bissfest garen. Dann die Nudeln in ein Sieb abgießen, kalt abschrecken und abtropfen lassen.

2 Den Lauch putzen, in Ringe schneiden, waschen und abtropfen lassen. 2 EL Öl in einer Pfanne erhitzen, den Lauch darin ca. 2 Min. andünsten. Mit 2 EL Essig ablöschen, die Butter dazugeben und schmelzen lassen. Den Lauch salzen, pfeffern und mit den Nudeln in einer Schüssel mischen.

3 Die Endiviensalatblätter waschen, trocken schleudern und in feine Streifen schneiden. Den Käse würfeln. Die Artischocken in einem Sieb abtropfen lassen und in mundgerechte Stücke schneiden.

4 Die Würstchen an einer Seite aufschneiden. Das Brät herausdrücken und dabei in mundgerechte Stücke teilen. 1 EL Öl in einer Pfanne erhitzen, das Brät darin in 3 – 4 Min. rundherum anbraten. Mit etwas Pfeffer würzen und leicht abkühlen lassen.

5 Salatstreifen, Käse, Kapernäpfel und Brät unter die Nudeln mischen. Für das Dressing 3 EL Essig, Senf und Zucker verrühren, das restliche Öl mit einem Schneebesen unterschlagen. Mit Salz und Pfeffer würzen. Das Dressing unter den Salat mischen und kurz ziehen lassen. Den Salat mit Salz, Pfeffer und übrigem Essig abschmecken, auf Teller verteilen und servieren.

VARIANTEN

Wer mag, kann den Manchego durch anderen Schafskäse (Feta), Pecorino oder Bergkäse ersetzen. Milder wird's, wenn man statt Endivie Radicchio oder Feldsalat nimmt. Besonders würzig wird der Salat durch italienische Salsicce anstelle von deutscher Bratwurst. Diese werden je nach Region mit verschiedenen mediterranen Gewürzen wie Koriander oder Fenchel verfeinert.

PERFEKT ALS BEILAGE

Kartoffelsalat mit Radieschen und Rauke

Kartoffelsalat macht einfach glücklich! Hier handelt es sich um die süddeutsche Variante mit Brühe und Essig, die man warm oder kalt genießen kann.

200 g Rauke oder Freiland-Rucola
500 g festkochende Kartoffeln (z. B. Linda)
1 rote Zwiebel
1 Bund Radieschen
80 ml Olivenöl
150 ml Gemüsebrühe
50 ml Apfelessig
Salz
Pfeffer
½ TL Zucker
1 Knoblauchzehe
1 Lorbeerblatt
1 Bund Dill

Für 4 Personen
Zubereitung: 45 Min. | Marinieren: 35 Min.
Pro Portion ca. 280 kcal, 4 g E, 21 g F, 18 g KH

1 Die Rauke waschen, trocken schleudern und beiseitestellen. Kartoffeln waschen, schälen und in 1 cm dicke Scheiben schneiden. Die rote Zwiebel schälen, halbieren und mit Strunk in 1 cm breite Spalten schneiden. Radieschen waschen, putzen, vierteln und beiseitestellen.

2 In einem flachen Topf das Olivenöl erhitzen und die Zwiebelspalten darin glasig anschwitzen. Kartoffeln dazugeben und ebenfalls kurz anschwitzen. Gemüsebrühe und Apfelessig zugießen, mit Salz, Pfeffer und Zucker würzen. Den ungeschälten Knoblauch zerdrücken und mit dem Lorbeerblatt einlegen. Die Kartoffeln bei mittlerer Hitze ca. 15 Min. weich garen. Beiseitestellen und ca. 30 Min. ziehen lassen. Radieschen dazugeben und alles noch weitere 5 Min. marinieren.

3 Die Hälfte des Kartoffelsuds in eine kleine Schüssel geben. Den Dill waschen, trocken tupfen und die Dillspitzen grob schneiden. Die Hälfte des Dills über die Kartoffeln und Radieschen streuen. Raukeblätter in den Sud geben und mit der anderen Hälfte der Dillspitzen marinieren.

4 Kartoffelscheiben, Zwiebeln und Radieschen portionsweise auf großen Tellern anrichten und die marinierten Raukeblätter locker darüber verteilen.

INFO

Bei dieser Variante eines Klassikers steht der unverfälschte Eigengeschmack der Produkte im Vordergrund. Der Salat schmeckt als Vorspeise mit roh mariniertem Fisch oder Krustentieren sowie als Hauptspeise zu kurz Gebratenem.

Heringssalat mit Gurken und Schnittlauch

Heringssalat ist in Norddeutschland ein echter Dauerbrenner der heimischen Küche. Mit oder ohne Rote Bete kommt er oft und gerne auf den Tisch.

400 g Matjes oder Salzheringe
½ Salatgurke
1 Stange Staudensellerie
1 säuerlicher Apfel (z. B. Boskop)
1 Bund Schnittlauch
250 g Magerquark
150 g Crème fraîche
50 ml Milch
3 EL Kräuteressig
1 EL Zucker
Salz
weißer Pfeffer

Für 4 Personen
Zubereitung: 20 Min.
Pro Portion ca. 560 kcal, 25 g E, 46 g F, 12 g KH

1 Den Matjes entgräten (Salzheringe wässern!) und in mundgerechte Stücke schneiden. Die Gurke schälen, längs halbieren, mit einem Löffel entkernen und die Hälften in Scheiben schneiden. Den Staudensellerie waschen, putzen und in dünne Scheiben schneiden. Den Apfel waschen, vierteln und das Kerngehäuse entfernen, die Viertel in Würfel schneiden. Den Schnittlauch waschen, trocken schütteln und in feine Röllchen schneiden.

2 Quark, Crème fraîche, Milch, Essig und Zucker verrühren. Mit Salz und Pfeffer würzen. Den Fisch, die Gurke, den Schnittlauch und den Apfel unterrühren und ca. 5 Min. durchziehen lassen. Nochmals mit Salz und Pfeffer abschmecken und servieren. Oder nach Belieben den Salat und das Dressing getrennt servieren und bei Tisch mischen. Dazu passen Pellkartoffeln oder Roggenmischbrot.

VARIANTE HERINGSSALAT MIT ROTER BETE

400 g Salzheringe wässern, entgräten und fein würfeln. 200 g vorgekochte Rote Bete (vakuumverpackt; aus dem Kühlregal) ebenfalls fein würfeln. 1 säuerlichen Apfel (z. B. Boskop) waschen, vierteln und das Kerngehäuse entfernen, die Viertel würfeln. 100 g Cornichons in dünne Scheiben schneiden. 1 Zwiebel schälen und fein würfeln. 200 g saure Sahne mit 100 g leichter Salatmayonnaise (aus dem Glas), 50 ml Apfelsaft, 3 EL Weißweinessig und 2 TL Zucker verrühren. Mit Salz und weißem Pfeffer würzen. Alle vorbereiteten Zutaten unterrühren und den Salat ca. 10 Min. durchziehen lassen. Den Salat nochmals durchrühren und servieren.

SOMMERLICHE VARIANTE

Badischer Wurstsalat

400 g Lyoner oder Fleischwurst (vom Metzger in 3–4 mm dicke Scheiben schneiden lassen)
3 feste Tomaten (nach Belieben)
2 weiße Zwiebeln
1 TL Dijon-Senf
5 EL Weißweinessig
Salz
Pfeffer
6 EL Sonnenblumen- oder Rapsöl
1 Bund Schnittlauch

Für 4 Personen
Zubereitung: 15 Min.
Pro Portion ca. 410 kcal, 13 g E, 39 g F, 3 g K

1 Die Wurstscheiben übereinanderlegen und längs halbieren. Dann die Hälften quer in sehr dünne Streifen schneiden und in eine Schüssel geben. Nach Belieben die Tomaten waschen und quer in dünne Scheiben schneiden, dabei die Stielansätze entfernen. Die Tomatenscheiben jeweils halbieren.

2 Die Zwiebeln schälen und sehr fein würfeln. Den Senf mit Essig, Salz und Pfeffer verrühren, dann 5 EL Wasser unterrühren und zuletzt das Öl kräftig unterschlagen. Den Schnittlauch waschen, trocken schütteln und in feine Röllchen schneiden. Mit Zwiebeln, Dressing und eventuell den Tomaten zu der Wurst geben. Alles gut mischen und möglichst noch kurz ziehen lassen. Mit Salz und Pfeffer abschmecken und mit Bauernbrot servieren.

TIPP

Tomaten gehören eigentlich nicht in diese badische Spezialität, machen den Salat aber schön frisch und sommerlich. Im Frühjahr schmecken auch in Scheiben geschnittene Radieschen (1 Bund) gut darin, im Herbst und Winter 3–4 in Scheiben geschnittene Essiggurken.

PASST ZU ENTE & GANS

Rotkohlsalat mit Birnen und Preiselbeerdressing

1 kleiner Rotkohl (ca. 1 kg)
Salz
2 reife Birnen
1 EL frisch gepresster Zitronensaft
200 ml Apfel- oder Birnensaft
½ Zimtstange
2 Gewürznelken
2 EL Preiselbeeren (aus dem Glas)
3 EL Rotweinessig
4 EL Sonnenblumenöl
Pfeffer

Für 4 Personen
Zubereitung: 30 Min. | Marinieren: 1 Std.
Pro Portion ca. 160 kcal, 4 g E, 6 g F, 23 g KH

1 Die äußeren Blätter vom Rotkohl entfernen und den Kohl längs vierteln. Den harten Strunk jeweils herausschneiden und die Viertel in sehr feine Streifen hobeln. Kurz in heißes Wasser legen, dann in einem Sieb abtropfen lassen. Die Kohlstreifen in einer Schüssel mit 1 TL Salz mischen und mit den Händen kneten, bis sie weicher geworden sind.

2 Die Birnen schälen, vierteln und die Kerngehäuse herausschneiden. Die Birnenviertel längs in Spalten schneiden und mit dem Zitronensaft mischen. Den Apfel- oder Birnensaft mit der Zimtstange und den Nelken in einem Topf aufkochen und ca. 5 Min. köcheln lassen. Über die Birnen gießen und abkühlen lassen. Dann Zimtstange und Nelken entfernen. Die Birnenspalten aus dem Sud nehmen und beiseitestellen.

3 Den Sud mit Preiselbeeren und Essig verrühren und Öl kräftig unterschlagen. Das Dressing mit Rotkohl mischen. Den Salat mit Salz und Pfeffer würzen und zugedeckt ca. 1 Std. durchziehen lassen. Mit den marinierten Birnen anrichten.

MÖHREN EINMAL GANZ ANDERS

Gebratener Möhrensalat

Möhren sind echte Vitaminbomben und ein wahres Allroundtalent in der Küche. Hier kommen ihre feinen Aromen ganz wunderbar zur Geltung.

800 g junge Möhren mit Grün
Salz
40 g geschälte Sesamsamen
1 Bund glatte Petersilie
1 Bund Basilikum
2 EL Kapern
6 EL Öl (z. B. Raps- oder Distelöl)
1 Knoblauchzehe
100 g in Öl eingelegte getrocknete Tomaten
½ Fladenbrot
2 EL Weißweinessig
1–2 EL Butter
Pfeffer

Für 4 Personen
Zubereitung: 30 Min.
Pro Portion ca. 450 kcal, 10 g E, 26 g F, 43 g KH

1 Den Backofen auf 200° (Umluft 180°) vorheizen. Die Möhren putzen, dabei ca. 1 cm Grün stehen lassen, dann die Möhren schälen. In einem Topf etwa 1 l Salzwasser aufkochen und die Möhren darin 5–7 Min. blanchieren. In ein Sieb abgießen und abtropfen lassen.

2 Inzwischen den Sesam in einer großen Pfanne ohne Fett hellbraun rösten, dann herausnehmen. Die Kräuter waschen und trocken schütteln, die Blätter abzupfen und fein hacken. Die Kapern grob hacken. Kräuter und Kapern in einem Schälchen mit 4 EL Öl verrühren. Den Knoblauch schälen und dazupressen.

3 Die getrockneten Tomaten abtropfen lassen und längs halbieren. Das Fladenbrot in schmale Spalten schneiden und im Backofen (Mitte) in ca. 7 Min. knusprig backen.

4 Das restliche Öl in der Pfanne erhitzen. Die Möhren darin rundherum anbraten, bis sie leicht gebräunt sind. Mit dem Essig ablöschen, Butter, Tomatenstreifen und Sesam hinzufügen, mit Salz und Pfeffer würzen und alles 1–2 Min. in der Pfanne schwenken. Das Fladenbrot aus dem Ofen nehmen.

5 Die Möhren mikadoartig auf Tellern anrichten. Dafür je 1 Möhre diagonal auf den Teller legen und die anderen Möhren kreuz und quer darüberlegen. Die Tomaten und den Sesam rundherum verteilen. Das Kräuteröl darüberträufeln. Die Fladenbrotsticks dazulegen und den Salat noch warm servieren.

VITAMINREICH

Bayerischer Krautsalat

700 g Weißkohl
200 ml Fleischbrühe
6 EL Rotweinessig
1 EL Zucker
1 EL Schweineschmalz
Salz
Pfeffer
gemahlener Kümmel oder Kümmelsamen
50 g Schinkenspeckwürfel

Für 4 Personen
Zubereitung: 20 Min. | Durchziehen: 15 Min.
Pro Portion ca. 120 kcal, 7 g E, 8 g F, 10 g KH

1 Den Kohl putzen, vierteln und den Strunk herausschneiden. Den Kohl waschen und in feine Streifen schneiden oder mit dem Gemüsehobel hobeln. Die Brühe erhitzen und mit Essig und Zucker verrühren.

2 Das Schweineschmalz in einer tiefen Pfanne erhitzen, das Kraut darin kurz schwenken. Die Brühe dazugießen, kurz erhitzen und alles in eine Salatschüssel umfüllen. Das Kraut mit Salz, Pfeffer und Kümmel würzen und ca. 15 Min. durchziehen lassen.

3 Inzwischen die Speckwürfel in einer Pfanne ohne Fett knusprig auslassen. Die Speckwürfel abtropfen lassen und unter den Salat mischen. Den Salat noch mal mit Salz und Pfeffer abschmecken und servieren.

MIT KNUSPRIGEM BACON

Feldsalat mit Kartoffelvinaigrette

1 kleine gegarte Kartoffel (vom Vortag)
1 Schalotte
100 ml Gemüsebrühe
¼ TL flüssiger Honig
2 EL Weißweinessig
2 EL Sonnenblumenöl
1 EL Walnussöl
Salz
Pfeffer
200 g Feldsalat
4 Scheiben Frühstücksspeck (Bacon)
30 g Walnusskerne
1 EL Crème fraîche

Für 4 Personen
Zubereitung: 25 Min.
Pro Portion ca. 220 kcal, 5 g E, 19 g F, 6 g KH

1 Für die Vinaigrette die Kartoffel pellen. Die Schalotte schälen und fein würfeln. Die Brühe mit dem Honig und den Schalottenwürfeln in einem kleinen Topf erhitzen. Kartoffel durch die Presse dazudrücken und alle Zutaten glatt rühren. Essig und beide Ölsorten unterrühren. Kartoffelvinaigrette mit Salz und Pfeffer würzen und beiseitestellen.

2 Den Feldsalat verlesen, putzen, gründlich waschen und trocken schleudern. Die Speckscheiben quer halbieren und in einer Pfanne ohne Fett knusprig braun braten. Die Walnusskerne grob hacken.

3 Die Crème fraîche unter die Vinaigrette rühren und diese mit dem Feldsalat mischen. Den Salat auf Teller verteilen und mit den Walnüssen bestreuen. Den gebratenen Speck darauf anrichten. Dazu passt Roggen- oder Walnussbaguette.

FLEISCH, WILD & GEFLÜGEL

Von Rind über Schwein bis hin zu Hähnchen, Lamm und Reh: Zarte Filets, würzige Ragouts und köstliche Braten warten darauf, entdeckt zu werden.

UNKOMPLIZIERTES FÜR FREUNDE

Hackbraten

Hackbraten, falscher Hase oder faschierter Braten: Es gibt viele Namen für diesen Hackfleischklassiker, der sich größter Beliebtheit erfreut.

2 Scheiben altbackenes Weißbrot (z. B. Ciabatta)
1 große rote Zwiebel
4 Knoblauchzehen
½ Bund Thymian
1 Bund Petersilie
½ Bio-Zitrone
1 TL Fenchelsamen
1 TL Pfefferkörner
100 g in Öl eingelegte, getrocknete Tomaten
2 EL entsteinte grüne Oliven
1 EL Kapern
600 g gemischtes Hackfleisch
2 Eier (M)
Salz
1 Prise Chilipulver
250 g Kirschtomaten
1 TL Zucker
2 EL Olivenöl

Für 6 Personen
Zubereitung: 35 Min. | Braten: 1 Std.
Pro Portion ca. 470 kcal, 26 g E, 356 g F, 13 g KH

1 Die Brotscheiben in eine Schüssel legen. Mit lauwarmem Wasser begießen und darin weich werden lassen.

2 Inzwischen die Zwiebel und den Knoblauch schälen und sehr fein hacken. Die Kräuter abbrausen und trocken schütteln. Thymianblättchen abstreifen, Petersilienblätter abzupfen und fein hacken. Zitrone heiß waschen, die Schale dünn (ohne das Weiße!) abschneiden und auch ganz fein schneiden. Die Fenchelsamen und die Pfefferkörner im Mörser so fein wie möglich zerstoßen.

3 Jetzt den Backofen auf 180 Grad vorheizen (erst später einschalten: Umluft 160 Grad).

4 Getrocknete Tomaten abtropfen lassen und mit Oliven und Kapern fein schneiden. Mit Zwiebel, Knoblauch, Zitronenschale, Kräutern und Gewürzmischung in eine Schüssel füllen. Hackfleisch dazugeben, Eier in die Schüssel aufschlagen. Brotscheiben gut ausdrücken, in Stücke zupfen und auch in die Schüssel geben. Jetzt alles salzen und mit Chili würzen. Mit den Händen so lange kräftig durchkneten, bis der Hackfleischteig zusammenklebt.

5 Eine längliche, ofenfeste Form suchen und den Hackfleischteig hineingeben. In der Form aus dem Teig einen länglichen Laib (wie ein Brot) formen. Kirschtomaten waschen, halbieren und neben dem Hackbraten verteilen, mit Zucker bestreuen. Olivenöl über Tomaten und Braten laufen lassen. Den Braten in den Ofen (Mitte) schieben und ungefähr 1 Stunde braten.

6 Mit einem Holzstäbchen in die dickste Stelle des Hackbratens stechen. Der Saft, der dort ausläuft, muss hell sein. Ist er noch rötlich, ist der Braten noch nicht durch und muss noch mal in den Ofen. Ist er fertig, kurz stehen lassen, in Scheiben schneiden und mit den Tomaten auf den Tisch stellen. Dazu gibt es Brot und Salat oder Gemüse, z. B. Blattspinat mit Zitrone und Knoblauch.

Hirschfilet mit roten Zwiebeln und Cranberrys

Das nährstoffreiche und fettarme Wildfleisch harmonisiert ganz wunderbar mit der Säure der Cranberrys und der Süße der karamellisierten Zwiebeln.

8 Hirschmedaillons (je ca. 70 g)
3 EL Öl
Pfeffer
½ TL gemahlener Piment
½ TL gemahlener Anis
2 kleine rote Zwiebeln
200 g frische Cranberrys (siehe »Schon gewusst«)
Salz
2 TL Butter
2 EL Zucker
125 ml Wildfond (aus dem Glas)
½ Bund Petersilie
2 – 3 EL Schmand

Für 4 Personen
Zubereitung: 35 Min. | Marinieren: 1 – 2 Std.
Pro Portion ca. 325 kcal, 31 g E, 16 g F, 12 g KH

1 Die Hirschmedaillons kalt abbrausen und mit Küchenpapier trocken tupfen. Das Öl mit Pfeffer, Piment und Anis verrühren, das Fleisch damit einreiben und zugedeckt beiseitestellen. Nach Belieben 1 – 2 Std. marinieren.

2 Die Zwiebeln schälen und ganz fein würfeln. Cranberrys in einem Sieb abbrausen, gut abtropfen lassen.

3 Eine Pfanne mittelstark erhitzen. Hirschmedaillons hineinlegen und von jeder Seite gut ca. 30 Sek. anbraten, zwischendurch salzen. Die Hitze reduzieren, die Filets insgesamt noch 6 – 8 Min. braten, zwischendurch wenden. Die Medaillons aus der Pfanne nehmen, zugedeckt warm stellen und nachziehen lassen.

4 Die Butter in der Pfanne zerlassen, die Zwiebeln darin glasig werden lassen. Die Cranberrys einrühren, den Zucker darüberstreuen und leicht karamellisieren lassen. Mit dem Wildfond ablöschen und 3 – 4 Min. kräftig kochen lassen.

5 Die Petersilie waschen und trocken schütteln, grob hacken und einen Teil unter die Sauce rühren. Die Sauce pikant abschmecken. Die Hirschmedaillons mit der Sauce anrichten, die restliche Petersilie darüberstreuen und je 1 Klecks Schmand auf jeden Teller geben.

PASSENDE BEGLEITER

Nudeln oder Knödel passen am besten zum Hirschfilet.

SCHON GEWUSST?

Cranberrys sehen aus wie große Preiselbeeren. In Amerika sind die sauren Beeren schon lange beliebt – unverzichtbar sind sie etwa beim Thanksgiving-Mahl. Bei uns sind sie erst im Kommen. Frische Beeren gibt's etwa von September bis Januar, sie lassen sich aber lange im Kühlschrank aufheben und gut einfrieren. TK-Beeren dann nur kurz abspülen und ebenso verwenden wie die frischen. Getrocknete Cranberrys sind leicht gezuckert. Wenn Sie sie für dieses Rezept verwenden, lassen Sie den Zucker weg. Wer keine Cranberrys bekommt, rührt 2 EL eingelegte Preiselbeeren unter die Sauce.

SCHMECKT AUCH KALT

Hähnchen paniert

4 Hähnchenschnitzel (à 125 g) | 2 Eier (S) | 1 kleine Zwiebel | 1 EL frisch geriebener Parmesan | Salz | Pfeffer | frisch geriebene Muskatnuss | 3 EL Butter | 2 EL Olivenöl | 5 EL Semmelbrösel | Zitronenviertel zum Garnieren

Für 4 Personen
Zubereitung: 35 Min.
Pro Portion ca. 370 kcal, 34 g E, 20 g F, 10 g KH

1 Die Schnitzel abspülen, trocken tupfen und leicht klopfen. Die Eier mit 1 TL Wasser verquirlen. Die Zwiebel schälen und auf der Küchenreibe fein reiben, mit Parmesan, Salz, Pfeffer und Muskat unter die Eier mischen. Hähnchenschnitzel in der Eiermischung wenden.

2 Eine Pfanne erhitzen, Butter mit Olivenöl aufschäumen lassen. Die Schnitzel in den Bröseln wenden und bei mittlerer Hitze 3 – 4 Min. pro Seite braten, bis sie goldbraun sind. Auf Küchenpapier abtropfen lassen, mit Zitronenvierteln garniert servieren.

Frikadellen

1 Brötchen (vom Vortag) | 1 Zwiebel | 1 TL Butter | 600 g gemischtes Hackfleisch | 1 Ei | 1 EL Tomatenmark | 1 EL mittelscharfer Senf | 1 TL getrockneter Thymian | edelsüßes Paprikapulver | Salz | Pfeffer | 2 – 3 EL Mehl | 3 EL Öl

Für 4 Personen
Zubereitung: 45 Min.
Pro Portion ca. 550 kcal, 34 g E, 41 g F, 12 g KH

1 Brötchen in Wasser einweichen. Zwiebel schälen und fein würfeln. Butter in einer Pfanne erhitzen. Zwiebel darin bei mittlerer Hitze glasig dünsten, herausnehmen und etwas abkühlen lassen.

2 Brötchen ausdrücken. Mit Hack, Zwiebel, Ei, Tomatenmark, Senf, Thymian, Paprika, Salz und Pfeffer verkneten. Mit angefeuchteten Händen zu ca. 8 Frikadellen formen, auf etwas Mehl flacher drücken. Öl in einer großen beschichteten Pfanne erhitzen. Frikadellen darin portionsweise bei mittlerer Hitze unter Wenden 10 – 15 Min. braten. Sofort servieren.

KLASSIKER VON FRÜHER

Kalbsrahmgulasch

2 große weiße Zwiebeln | 250 g Tomaten | 2 EL Butter | 1 EL Öl | 800 g Kalbsgulasch | Salz | Pfeffer | ¼ TL frisch geriebene Muskatnuss | 1 Prise gemahlener Kümmel | 250 ml Fleischbrühe oder Kalbsfond | 250 g kleine Champignons oder Egerlinge | ½ Bio-Zitrone | 150 g Sahne | ½ Bund Schnittlauch | 50 g Crème fraîche

Für 4 Personen
Zubereitung: 40 Min. | Schmoren: 1 Std.
Pro Portion ca. 450 kcal, 41 g E, 30 g F, 5 g KH

1 Zwiebeln schälen und sehr fein würfeln. Aus den Tomaten Stielansätze herausschneiden. Tomaten mit kochend heißem Wasser übergießen, kurz ziehen lassen, abschrecken und häuten. Tomaten halbieren und leicht zusammenpressen, bis die Kerne zu sehen sind. Die Kerne abstreifen und wegwerfen, das Tomatenfleisch fein würfeln oder hacken.

2 In einem Schmortopf 1 EL Butter und Öl erhitzen. Fleischwürfel portionsweise bei starker Hitze anbraten und herausnehmen. In ein Sieb geben, das in einer Schüssel hängt, und beiseitestellen.

3 Dann Zwiebeln im Bratfett andünsten. Mit Salz, Pfeffer, Muskat und Kümmel würzen. Brühe oder Fond angießen und Tomaten untermischen. Fleisch mitsamt dem Fleischsaft dazugeben. Hitze klein stellen, Deckel auflegen und das Gulasch ca. 45 Minuten sanft vor sich hin schmurgeln lassen.

4 Nach etwa 30 Minuten die Pilze mit feuchtem Küchenpapier abreiben, Stielenden abschneiden. Kleine Pilze ganz lassen, größere einmal durchschneiden. Zitrone heiß waschen und die Schale fein abreiben. Übrige Butter in einer Pfanne zerlassen, Pilze darin bei mittlerer Hitze unter Rühren ca. 5 Minuten braten. Salzen und pfeffern.

5 Pilze, Zitronenschale und Sahne unter das Gulasch rühren und alles noch einmal ca. 15 Minuten schmoren, bis das Fleisch weich ist.

6 Schnittlauch abbrausen, trocken schütteln und in Röllchen schneiden. Crème fraîche unter das Gulasch rühren, abschmecken und mit Schnittlauch bestreuen. Dazu gibt's Reis oder Bandnudeln.

VIEL GESCHMACK

Malzbiergulasch mit Kümmel

Durch das Malzbier wird dieses Gulasch besonders würzig und aromatisch. Ein echtes Wohlfühlgericht, das garantiert öfters auf den Teller kommen wird.

750 g Schweinefleisch (aus der Schulter oder dem Nacken)
2 Zwiebeln
1 große Möhre
1 Stück Lauch (ca. 40 g)
1 – 1 ½ TL Kümmelsamen
2 – 3 EL Schweine- oder Butterschmalz
Salz
Pfeffer
1 ½ EL Tomatenmark
500 ml Malzbier (alkoholfrei, z. B. Karamalz)
1 Lorbeerblatt
⅓ TL edelsüßes Paprikapulver
1 TL getrockneter Majoran
1 TL gekörnte Fleischbrühe
1 gestrichener TL Speisestärke
1 EL saure Sahne (nach Belieben)

Für 4 Personen
Zubereitung: 25 Min. | Garen: 2 Std.
Pro Portion ca. 555 kcal, 33 g E, 39 g F, 18 g KH

1 Das Fleisch in 2 – 3 cm große Würfel schneiden. Die Zwiebeln schälen und fein würfeln. Möhre schälen und in ca. 5 mm große Würfel schneiden. Lauch längs halbieren, waschen, putzen und in kleine Stückchen schneiden. Den Kümmel grob hacken.

2 In einem Schmortopf oder Bräter 1 – 2 EL Schmalz erhitzen. Darin das Fleisch bei großer Hitze rundherum hellbraun anbraten, salzen, pfeffern und herausnehmen.

3 Eventuell noch etwas Schmalz zum Bratfett geben, darin bei mittlerer Hitze die Zwiebeln goldgelb andünsten. Möhre, Lauch und Kümmel dazugeben und kurz mitdünsten. Tomatenmark dazugeben und unter Rühren anrösten.

4 Mit wenig Malzbier ablöschen, das Bier völlig einkochen lassen, dann übriges Bier, Lorbeerblatt, Paprikapulver und Majoran einrühren und aufkochen lassen. Fleisch und Brühepulver unterrühren, nochmals salzen und pfeffern, dann alles bei mittlerer Hitze ca. 1 Std. 30 Min. bei kleiner Hitze zugedeckt schmoren lassen.

5 Stärke in 3 – 4 EL kaltem Wasser anrühren und in das Gulasch rühren. Weitere 15 – 30 Min. köcheln lassen, bis das Fleisch weich ist. Wer möchte, mischt am Ende noch die saure Sahne unter das Gulasch.

Spanferkelrücken mit Kartoffel-Erbsen-Püree

Würzig-zartes Spanferkel, cremiges Püree und eine herrliche Honig-Bier-Sauce machen dieses Gericht zum perfekten Sonntagsschmaus.

1 Knoblauchzehe
4 EL Öl
Salz
Pfeffer
¼ TL gemahlener Kümmel
1 kg Spanferkelrücken (ohne Knochen, am besten beim Metzger vorbestellen)
1 Bund Suppengrün
375 ml Rinderbrühe
750 g mehligkochende Kartoffeln
1 Lorbeerblatt
500 g frische Erbsenschoten (ersatzweise 200 g TK-Erbsen)
250 ml Milch
500 g Schalotten
2 EL Zucker
150 ml dunkles Bier oder Malzbier
1 TL flüssiger Honig

Für 6 Personen
Zubereitung: 1 Std. 30 Min. | Garen: 2 Std.
Pro Portion ca. 495 kcal, 44 g E, 16 g F, 34 g KH

1 Den Knoblauch schälen und in eine kleine Schüssel pressen. Mit 1 EL Öl, Salz, Pfeffer und Kümmel mischen. Den Spanferkelrücken mit der Gewürzmischung bestreichen. Das Suppengrün putzen, waschen bzw. schälen und grob würfeln.

2 Den Backofen auf 200° (Umluft 180°) vorheizen. Restliches Öl in einem Bräter erhitzen, Fleisch darin rundherum braun anbraten und wieder herausnehmen. Das Suppengrün im Bräter kurz anbraten, Fleisch wieder dazugeben und 250 ml Brühe hinzufügen. Backofentemperatur auf 150° reduzieren und Fleisch im heißen Ofen (unten) ca. 2 Std. garen, dabei ab und zu mit Brühe begießen.

3 Inzwischen die Kartoffeln waschen, schälen und in Würfel schneiden. Mit dem Lorbeerblatt in Salzwasser in 15 – 20 Min. weich kochen. Frische Erbsenschoten aufbrechen und die Erbsen aus den Hülsen streifen (palen). In einem Topf die Milch mit 1 Prise Salz erhitzen, frische oder gefrorene Erbsen darin in 8 – 10 Min. weich kochen, pürieren und durch ein Sieb streichen. Die Kartoffeln abgießen und zerstampfen. Das Erbsenpüree dazugeben und beides mit einem flachen Schneebesen zu einem luftigen Püree verrühren. Das Püree warm halten.

4 Die Schalotten schälen und längs halbieren. Den Zucker in einer Pfanne karamellisieren, die übrige Brühe unter Rühren dazugeben und bei starker Hitze etwas einkochen lassen. Die Schalottenhälften dazugeben und bei mittlerer Hitze 6 – 8 Min. dünsten.

5 Den Braten aus dem Ofen nehmen. Die Sauce durch ein Sieb in einen Topf streichen, das Bier dazugeben und die Sauce ca. 5 Min. einköcheln lassen. Mit Salz und Pfeffer abschmecken und warm halten. 3 EL Sauce mit dem Honig verrühren und den Braten damit einpinseln. Die Backofentemperatur auf 220° erhöhen und den Braten im Ofen 4 – 6 Min. bräunen, dabei immer wieder mit Honig-Bier-Sauce beträufeln. Den Spanferkelrücken in Scheiben schneiden und mit den Schalotten und dem Kartoffel-Erbsen-Püree anrichten. Die Sauce dazu reichen.

KÖSTLICHES SLOW FOOD

Sauerbraten nach rheinischer Art

Die lange Marinierzeit ist jede Minute wert, macht sie doch das Fleisch besonders fein und würzig.

2 Zwiebeln
1 Möhre
100 g Knollensellerie
3 Knoblauchzehen
3 – 4 Zweige Thymian
750 ml Weißwein (vorzugsweise dt. Riesling)
750 ml Weißweinessig
2 Lorbeerblätter
1 TL schwarze Pfefferkörner
5 Pimentkörner
2 Gewürznelken
1,2 kg Rindfleisch (aus der Nuss oder Schulter)
100 g Räucherspeck
Salz
2 EL Mehl
1 kleine Kartoffel (ca. 100 g)
60 g Rosinen
Pfeffer
2 – 3 EL Schwarzes Johannisbeergelee (oder Rübensirup)

Für 4 – 6 Personen
Zubereitung: 45 Min. Marinieren: 6 Tage | Garen: 3 Std.
Pro Portion ca. 605 kcal, 44 g E, 29 g F, 22 g KH

1 Etwa 6 Tage vorher für die Marinade Zwiebeln, Möhre und Sellerie schälen und in 2 cm große Würfel schneiden. Den Knoblauch schälen und mit der Breitseite eines großen Messers etwas andrücken. Den Thymian abbrausen und trocken schütteln. Den Wein mit dem Essig, dem Gemüse, dem Thymian und den Gewürzen in einen Topf geben und aufkochen lassen. Den Topf vom Herd nehmen und die Marinade abkühlen lassen. Das Fleisch in eine nicht zu große Schüssel geben und mit der Marinade vollständig (!) bedecken. Die Schüssel mit Klarsichtfolie verschließen und das Fleisch im Kühlschrank etwa 6 Tage marinieren.

2 Am Zubereitungstag das Fleisch und das Gemüse in ein Sieb gießen, dabei die Marinade in einem Topf auffangen und die Gewürze entfernen. Die Marinade aufkochen lassen und den aufsteigenden Schaum entfernen. Den Speck in feine Streifen schneiden und in einer kleinen Pfanne bei mittlerer Hitze knusprig braten. Den Speck in ein Sieb gießen, dabei das Fett in einem großen Schmortopf auffangen. Die knusprigen Speckstreifen beiseitelegen.

3 Das Fett in dem Schmortopf stark erhitzen. Das Fleisch salzen, mit etwas Mehl bestäuben und in dem Fett rundherum anbraten. Das Gemüse aus der Marinade dazugeben und ca. 3 Min. mitbraten. Mit 1 Schöpflöffel Marinade ablöschen und die Flüssigkeit einkochen lassen. Den Vorgang zweimal wiederholen, dann die restliche Marinade angießen. Das Fleisch bei kleiner Hitze zugedeckt in ca. 3 Std. weich schmoren. Nach ca. 2 Std. die Kartoffel schälen und in die Sauce reiben.

4 Den Sauerbraten aus dem Schmortopf heben und die Sauce durch ein Sieb gießen, dabei das Gemüse gut ausdrücken. Die Sauce wieder in den Topf geben, mit den Rosinen kurz kochen lassen und mit Salz, Pfeffer und dem Johannisbeergelee abschmecken. Den Sauerbraten in Scheiben schneiden und mit der Sauce auf Teller verteilen. Nach Belieben die Speckstreifen darüberstreuen. Dazu passen Rahmknödel oder Spätzle.

FÜR NOSTALGIKER

Königsberger Klopse

Das ursprünglich ostpreußische Gericht hat einen festen Platz unter unseren Lieblingsrezepten. Kapern geben der Sauce ihren typischen Geschmack.

1 Brötchen (vom Vortag)
125 ml warme Milch
2 Zwiebeln
75 g Butter
3 Sardellenfilets (in Salz)
500 g Kalbshackfleisch
2 TL mittelscharfer Senf
½ TL abgeriebene Schale von 1 Bio-Zitrone
1 Ei
Salz
Pfeffer
1,5 l Gemüsebrühe
1 Lorbeerblatt
60 g Mehl
1 Prise Zucker
frisch geriebene Muskatnuss
3 EL kleine Kapern
3 – 4 TL frisch gepresster Zitronensaft
100 g Sahne
1 Eigelb

Für 4 Personen
Zubereitung: 45 Min. | Garen: 20 Min.
Pro Portion ca. 510 kcal, 34 g E, 31 g F, 21 g KH

1 Das Brötchen in Scheiben schneiden und in der Milch ca. 15 Min. einweichen. Inzwischen 1 Zwiebel schälen und in feine Würfel schneiden. 1 EL Butter in einer Pfanne erhitzen und die Zwiebel darin bei mittlerer Hitze glasig andünsten, herausnehmen und etwas abkühlen lassen. Die Sardellen waschen, trocken tupfen und sehr fein hacken.

2 Das Hackfleisch, die ausgedrückten Brötchenscheiben, 1 TL Senf, Zitronenschale, Zwiebel, Sardellen und Ei verkneten. Mit Salz und Pfeffer würzen. Aus der Masse mit angefeuchteten Händen 12 Klöße formen. Die Hände dabei öfter in Wasser tauchen, damit sich das Hack besser rollen lässt und nicht an den Händen kleben bleibt.

3 Die Brühe in einem breiten Topf aufkochen und evtl. mit Salz nachwürzen. Die übrige Zwiebel quer halbieren und mit dem Lorbeer hinzufügen. Die Klöße in der Brühe bei schwacher Hitze offen in ca. 20 Min. gar ziehen lassen. Dann die Klöße mit einer Schaumkelle herausheben und abtropfen lassen. Die Brühe durch ein feines Sieb gießen und davon für die Sauce 750 ml abmessen.

4 In einem Topf die restliche Butter erhitzen. Das Mehl darin unter Rühren bei mittlerer Hitze hellgelb anschwitzen. Die abgemessene Brühe dazugießen und dabei ständig weiterrühren, damit sich keine Klümpchen bilden. Mit Salz, Pfeffer, Zucker und Muskat würzen und die Sauce offen ca. 5 Min. köcheln lassen. Kapern, übrigen Senf, Zitronensaft und 50 g Sahne unterrühren. Die Sauce abschmecken.

5 Die restliche Sahne und das Eigelb verquirlen und langsam in die Sauce rühren. Die Klöße zum Servieren in der Sauce bei schwacher Hitze ca. 5 Min. erwärmen, aber nicht mehr kochen lassen – sonst gerinnt das Eigelb.

UND DAZU?
Servieren Sie eingelegte Rote Bete aus dem Glas und Petersilienkartoffeln.

Schnitzel altbayerische Art

Was wäre die bayerische Küche ohne Senf und Meerrettich? Ihre würzige Schärfe weckt die Lebensgeister.

4 dünne Schweineschnitzel (à 125 g)
Salz
Pfeffer
3 EL mittelscharfer Senf
3 EL geriebener Meerrettich (aus dem Glas)
4 EL Mehl
4 EL Öl zum Braten
1 Zwiebel
300 ml helles Bier (Export)
je 1 Prise gemahlener Kümmel und
Piment (Nelkenpfeffer)
2 EL Schnittlauchröllchen

Für 4 Personen
Zubereitung: 35 Min.
Pro Portion ca. 335 kcal, 32 g E, 12 g F, 16 g KH

1 Die Schnitzel mit Küchenpapier trocken tupfen und leicht klopfen. Mit wenig Salz und Pfeffer würzen. Den Senf mit dem Meerrettich verrühren. Das Mehl in einen flachen Teller streuen. Den Backofen auf 75° (Umluft 60°) vorheizen.

2 Die Schnitzel auf einer Seite gleichmäßig mit dem Meerrettichsenf bestreichen, mit der bestrichenen Seite ins Mehl legen. Die andere Seite ebenfalls mit Meerrettichsenf bestreichen und auch diese Seite ins Mehl drücken.

3 Eine Pfanne auf mittlerer Stufe erhitzen, das Öl darin heiß werden lassen. Von den Schnitzeln überschüssiges Mehl leicht abklopfen und die Schnitzel pro Seite ca. 4 Min. braten, bis die Kruste leicht gebräunt ist. In dieser Zeit die Zwiebel schälen und fein würfeln.

4 Die fertig gebratenen Schnitzel aus der Pfanne heben und im Ofen warm stellen. Das Bratöl bis auf einen kleinen Rest abgießen, darin die Zwiebelwürfel in ca. 5 Min. nussbraun anbraten. Das Bier aufgießen und in weiteren 5 Min. auf die Hälfte der Menge einkochen lassen. Die Sauce mit Salz, Pfeffer, Kümmel und Piment abschmecken.

5 Die Schnitzel auf Tellern anrichten und mit der Sauce umgießen. Mit Schnittlauchröllchen bestreuen und servieren.

TIPP – FÜR SÄMIGE SAUCEN

Ein zusätzlicher Klecks Senf bindet die Sauce und sorgt nebenbei für noch mehr Aroma.

GETRÄNKE-TIPP

Zu diesem Gericht passt natürlich nur ein kühles Bier.

KÖNIGLICHES FÜR FESTTAGE

Entenbraten mit Apfel

Ein echtes Lieblingsrezept: Herrlich zartes Fleisch, knusprige Haut und dazu die säuerliche Süße der mitgebratenen Äpfel. Da kann keiner widerstehen!

1 Bauernente (etwa 2 ½ kg)
Salz
Pfeffer
½ Bund Thymian
2 säuerliche Äpfel
3 Zwiebeln
2 Scheiben frischer Ingwer
2 Möhren
¼ Knolle Sellerie
1 Stange Lauch
1 EL Puderzucker
1 EL Tomatenmark
250 ml trockener Rotwein

Für 4 Personen
Zubereitung: 50 Min. | Braten: 3 Std. 30 Min.
Pro Portion ca. 1225 kcal, 93 g E, 86 g F, 6 g KH

1 Die Ente innen und außen gut waschen und trocken tupfen. Direkt an der Bauchöffnung innen die beiden Fettstücke abziehen. Ente innen und außen kräftig mit Salz und Pfeffer einreiben. Thymian abbrausen und trocken schütteln. Die Äpfel und 2 Zwiebeln schälen, die Äpfel auch entkernen. Beides achteln, mit Ingwer und Thymian mischen und in den Entenbauch legen.

2 Die Ente mit der Brust nach unten in einen großen Bräter legen, 200 ml heißes Wasser angießen. Die Ente in den Ofen (zweite Schiene von unten) schieben, Temperatur auf 120 Grad schalten (Ober- und Unterhitze nehmen!) und die Ente ca. 3 ½ Stunden braten. Dabei ab und zu umdrehen und mit der Flüssigkeit aus dem Bräter beschöpfen.

3 Nach ca. 2 ½ Stunden die übrige Zwiebel und Gemüse waschen oder schälen, putzen und klein würfeln. Puderzucker in einem Topf schmelzen lassen. Tomatenmark zugeben und kurz anrösten. Mit Wein aufgießen und aufkochen lassen, Gemüse hinzufügen. Die Sauce offen bei schwacher Hitze etwa 1 Stunde vor sich hin köcheln lassen.

4 Ente aus dem Ofen holen und mit dem Messer und der Geflügelschere in 8 – 12 Stücke zerteilen. Mit der Haut nach oben auf den Rost legen. Backofengrill anschalten, Rost mit der Fettpfanne darunter in den Ofen (10 – 15 Abstand zu den Grillschlangen) schieben und die Entenstücke ein paar Minuten grillen, bis die Haut knusprig ist. Dann im abgeschalteten Ofen ruhen lassen. Sauce aus dem Bräter und dem Topf durch ein Sieb gießen, auffangen und zurück in den Topf schütten. Aufkochen, abschmecken und zur Ente servieren. Dazu gibt's außerdem Semmel- oder Kartoffelknödel.

VARIANTE: GÄNSEBRATEN

Statt der Bauernente einfach 1 Gans (ca. 4 ½ kg) nehmen, die reicht dann für 6 – 8 Personen. Mit der Apfel-Zwiebel-Mischung (insgesamt sollten es für die Gans 600 – 700 g sein) füllen und wie beschrieben im Ofen ca. 5 ½ Stunden braten. Dann in Stücke teilen und diese noch kurz grillen.
Wer bei der Füllung mal variieren will: Maronen und Knollensellerie passen gut zur Gans, aber auch Möhren und Orangen (beides in Würfeln) mit Thymian gemischt schmecken sehr fein.

TIPP

Wenn's doch mal zu wenig Sauce ist, etwa weil Kinder mitessen und die am liebsten nur Knödel und Sauce mögen, die Sauce einfach mit ein wenig Knödelwasser verlängern. Das ist schon gesalzen und außerdem durch die Stärke in den Knödeln ganz leicht gebunden.

Gebratener Bauerngockel

Saftig, würzig, einfach lecker! Mit diesem herrlichen Rezept holen Sie das Maximum an Geschmack aus dem zarten Hähnchenfleisch.

1 Bauernhähnchen (ca. 2,5 kg; z. B. Sulmtaler)
1 Bund Petersilie
Salz
1 kleine Knolle Knoblauch
3 vollreife Tomaten (z. B. Roma)
3 mittelgroße rote Zwiebeln
6 mittelgroße festkochende Kartoffeln (z. B. Linda)
1 kleine Sellerieknolle (ca. 400 g)
2 mittelgroße Möhren (ca. 300 g)
4 EL Olivenöl
750 ml Geflügelbrühe
2 Lorbeerblätter
Pfeffer
Saft von ½ Bio-Zitrone

Für 6 Personen
Zubereitung: 30 Min. | Garen: 1 Std.
Pro Portion ca. 665 kcal, 67 g E, 37 g F, 17 g KH

1 Das Hähnchen kalt waschen und trocken tupfen. Die Flügelspitzen und den Hals abschneiden sowie grob hacken. Petersilie waschen und trocken schütteln. 2 Stiele abzupfen, grob schneiden und beiseitestellen. Das Hähnchen innen salzen, mit dem Petersilienbund füllen und die Fesseln an den Keulen ringsum einschneiden. Außen mit Salz einreiben.

2 Die ungeschälte Knoblauchknolle halbieren. Tomaten waschen, Stielansätze entfernen und halbieren. Zwiebeln schälen und vierteln. Kartoffeln waschen und bürsten. Die Sellerieknolle waschen, bürsten und sechsteln. Möhren schälen und dritteln.

3 Den Backofen auf 225° (Umluft 200°) vorheizen. In einem großen Bräter das Olivenöl erhitzen, das Hähnchen darin bei mittlerer Hitze rundum hellbraun anbraten, herausnehmen und beiseitestellen. Flügelspitzen und Hals darin braun rösten und den Bratensatz mit ca. 100 ml Geflügelbrühe ablöschen.

4 Das Gemüse mit Knoblauch und Lorbeer im Bräter verteilen. Die restliche Brühe aufgießen und aufkochen. Das Hähnchen mit dem Rücken auf das Gemüse legen und zugedeckt ca. 30 Min. garen. Dann offen in ca. 25 Min. goldbraun braten, dabei regelmäßig mit Bratensaft begießen.

5 Das Hähnchen herausnehmen und den Bratensaft in den Bräter gießen: Ist er klar, so ist das Fleisch gar, dann warm stellen. Den Bratenfond in einen Topf geben, entfetten und bei mittlerer Hitze leicht sämig einkochen. Mit Salz und Pfeffer abschmecken. Den Braten zerteilen. Das Gemüse mit dem Bratensaft in einer breiten, flachen Schüssel anrichten, die Fleischstücke darauf verteilen und mit Zitronensaft beträufeln. Zum Schluss mit grob geschnittener Petersilie bestreuen.

INFO

Die beste Zubereitungsart eines Hähnchens oder Huhns ist die im Ganzen. Hier geht der feine Geschmack des Fleischs in alle Komponenten über, ohne den Eigengeschmack der Zutaten zu verfälschen.

MACHT EINFACH GLÜCKLICH

Wiener Schnitzel auf klassische Art

Mit diesem Rezept kreieren Sie das optimale Wiener Schnitzel: wellig-knusprige Panade um hauchdünnes, zartes Kalbfleisch. Ein echter Hochgenuss!

4 trockene Brötchen (ersatzweise 100 g Semmelbrösel)
4 EL Mehl
Salz
weißer Pfeffer
2 Eier
2 EL Sahne oder Milch
4 dünne Kalbsschnitzel aus der Oberschale (je ca. 150 g)
2 Bio-Zitronen zum Servieren
Außerdem:
ca. 250 g Butter- oder Schweineschmalz zum Braten

Für 4 Personen
Zubereitung: 40 Min.
Pro Portion ca. 445 kcal, 39 g E, 21 g F, 11 g KH

1 Von den Brötchen die Rinde abreiben. Dann die Brötchen zu feinen Bröseln zerkleinern – mit einer Haushaltsreibe oder im Blitzhacker. Auf einen großen Teller geben.

2 Das Mehl auf einen zweiten Teller geben, mit etwas Salz und Pfeffer würzen. Auf einem dritten (tiefen) Teller die Eier mit der Sahne oder der Milch mit einer Gabel verquirlen.

3 Schnitzel trocken tupfen und einzeln in einem Gefrierbeutel oder zwischen zwei Lagen Frischhaltefolie möglichst gleichmäßig flach klopfen, bis sie etwa ½ cm dick sind. Zuerst im gewürzten Mehl wenden, dann in den verquirlten Eiern und zuletzt in den Bröseln. Panade nur leicht andrücken.

4 Jeweils etwa 1 cm hoch Schmalz in zwei Pfannen nicht zu stark erhitzen. Schnitzel darin von jeder Seite ca. 2 Min. goldbraun braten. Pfanne mehrmals rütteln, damit nichts am Pfannenboden ansetzt.

5 Fertige Schnitzel aus der Pfanne heben und auf Küchenpapier legen und entfetten. Die Zitronen heiß waschen, abtrocknen und in Scheiben schneiden. Die Schnitzel noch heiß mit den Zitronenscheiben anrichten.

PASSENDE BEGLEITER

Natürlich passen die allseits beliebten Pommes. Traditionell gehört jedoch Kartoffelsalat zum Wiener Schnitzel. Der Klassiker aus Österreich geht beispielsweise so: 800 g festkochende Kartoffeln waschen und in reichlich leicht gesalzenem Wasser in ca. 25 Min. garen. Abgießen und etwas abkühlen lassen, noch warm pellen und in Scheiben schneiden. 2 kleine Salatgurken schälen und in dünne Scheiben hobeln, mit etwas Salz bestreuen, kurz ziehen lassen und dann gut ausdrücken. 1 kleine Zwiebel schälen und sehr fein würfeln, mit 125 ml warmer Fleischbrühe, 3 – 4 EL Weißweinessig, 6 EL neutralem Öl und etwas Salz verrühren. Mit Kartoffeln und Gurken mischen und durchziehen lassen. Vor dem Servieren mit Salz und Pfeffer abschmecken und mit Schnittlauchröllchen bestreuen.

SCHON GEWUSST?

Wie für jeden Klassiker gibt es auch fürs Wiener Schnitzel vielerlei »echte« Rezepte und Hunderte Profitipps. Wichtig für gutes Gelingen ist auf jeden Fall, dass die Fleischscheiben gleichmäßig dick (etwa ½ cm) sind. Ein weiterer Garant: die Panade nicht zu fest andrücken, sondern nur leicht anklopfen. Nur so kann sie beim Braten schön wellig werden. Übrigens: Klassisch gehört ein Wiener Schnitzel aus Kalbfleisch zubereitet. In Restaurants wird jedoch gern Schweinefleisch verwendet, weil das günstiger ist. Genau genommen muss es dann als Schnitzel »Wiener Art« präsentiert werden – aber nicht jeder Gastronom hält sich an diese Vorschrift.

DAUER-BRENNER AUS BAYERN

Schweinekrustenbraten mit Biersauce

Die Markenzeichen dieses bayerischen Klassikers: eine knusprige Kruste, saftiges Schweinefleisch und eine würzige Biersauce. Einfach nur lecker!

600 g Schweineknochen (am besten beim Metzger vorbestellen und klein hacken lassen)
1 TL Kümmelsamen
1,4 kg Schweinebraten (mit Schwarte, aus der Schulter)
Salz
Pfeffer
2 Zwiebeln
1 Knoblauchzehe
1 Möhre
1 Petersilienwurzel
4 Stängel Petersilie
3 EL Sonnenblumenöl
1 EL Tomatenmark
250 ml dunkles Bier (ersatzweise Malz- oder alkoholfreies Bier)
1 l Gemüsebrühe (noch besser: Kalbsfond)
½ TL getrockneter Majoran

Für 6 Personen
Zubereitung: 30 Min. | Garen: 4 Std. 45 Min.
Pro Portion ca. 585 kcal, 40 g E, 45 g F, 2 g KH

1 Den Backofen auf 220° vorheizen. Knochen waschen, trocken tupfen und auf einem Blech oder in einem Bräter flach verteilen und im Ofen (Mitte, Umluft 200°) in ca. 45 Min. braun rösten.

2 Den Kümmel grob hacken. Braten auf der Fleischseite mit Kümmel und kräftig mit Salz und Pfeffer würzen, die Gewürze leicht einreiben. Zwiebeln und Knoblauch schälen und fein würfeln. Möhre und Petersilienwurzel schälen und in Stücke schneiden. Petersilie abbrausen, trocken schütteln.

3 Geröstete Knochen aus dem Ofen nehmen und die Ofentemperatur auf 140° (Umluft 130°) herunterschalten. 2 EL Öl in einem Bräter erhitzen und den Schweinebraten rundherum – bis auf die Schwarte – pro Seite ca. 3 Min. anbraten, herausnehmen. Übriges Öl in den Bräter geben und Zwiebeln und Knoblauch goldgelb anbraten, die Möhre und Petersilienwurzel dazugeben, kurz mitbraten. Tomatenmark unterrühren und kurz anrösten, dann alles mit 1 guten Schuss Bier ablöschen. Das Bier bei großer Hitze unter Rühren einkochen lassen, dann übriges Bier und die Brühe angießen. Den Braten mit der Schwarte nach unten in den Bräter legen, die angerösteten Knochen darum verteilen. Im Ofen (Mitte) ca. 1 Std. 45 Min. garen.

4 Braten aus dem Ofen nehmen und die Schwarte mit einem scharfen Messer rautenförmig einschneiden. Braten mit der Schwarte nach oben wieder in den Bräter legen, Petersilie in die Sauce geben. Den Schweinebraten in weiteren 2 Std. 15 Min. fertig garen – wenn man ihn mit einem spitzen Messer einsticht, sollte klarer Bratensaft herauslaufen.

5 Den Bräter aus dem Ofen nehmen und die Grillfunktion des Ofens zuschalten. Den Braten mit der Schwarte nach oben auf einen Ofenrost setzen. ½ TL Salz mit 3 EL Wasser verrühren und die Kruste damit bepinseln. Rost in den Ofen schieben (Mitte) und ein Blech als Tropfschutz darunter. Die Bratenkruste in 5–8 Min. knusprig braten.

6 Währenddessen Sauce durch ein Sieb in einen Topf gießen, Siebinhalt gut ausdrücken. Sauce bei großer Hitze 3–4 Min. offen einkochen lassen. Mit Majoran, Salz und Pfeffer abschmecken. Braten aufschneiden und mit der Sauce zu Knödeln oder Klößen servieren.

Rehragout mit Pfifferlingen und Spätzle

Feines, würziges Rehragout, aromatische Pfifferlinge und dazu selbst gemachte Spätzle. Besser kann dieses Gericht nicht mehr werden!

Für das Ragout:
100 g durchwachsener Räucherspeck
1 große Zwiebel
1 Zweig Thymian
750 g Rehfleisch (aus der Schulter oder Keule)
Salz | Pfeffer
2 EL Mehl
2 EL Öl
1 TL Rohrzucker
400 ml Wildfond (aus dem Glas)
3 Wacholderbeeren
2 Lorbeerblätter
1 rote Chilischote
2 EL Preiselbeeren (aus dem Glas)
500 ml trockener Rotwein (ersatzweise Fleischbrühe)
1 Zimtstange
200 g Pfifferlinge (ersatzweise Kräuterseitlinge)
2 EL Butter
1 TL Worcestersauce
frisch geriebene Muskatnuss
Für die Spätzle:
500 g Mehl
1 TL Hartweizengrieß
4 Eier (M)
1 TL Weißweinessig
1 TL Salz
1 EL Butter

Für 4 Personen
Zubereitung: 1 Std. 30 Min. | Garen: 1 Std. 45 Min.
Pro Portion ca. 1070 kcal, 69 g E, 36 g F, 96 g KH

1 Für das Ragout den Backofen auf 150° vorheizen. Speck in kleine Würfel schneiden. Zwiebel schälen und fein würfeln. Thymian waschen und trocken schütteln. Rehfleisch in ca. 2 cm große Würfel schneiden, mit Salz und Pfeffer würzen und mit Mehl bestäuben. Öl in einem Bräter erhitzen und Speckwürfel darin knusprig braun braten. Herausnehmen und beiseitestellen. Fleisch portionsweise im verbliebenen Speckfett rundherum anbraten und herausnehmen. Zwiebel im Bräter glasig andünsten. Rohrzucker unterrühren und leicht karamellisieren, mit Fond ablöschen. Dann Wacholderbeeren, Thymian, Lorbeerblätter, Chilischote und Preiselbeeren hinzufügen und unter Rühren aufkochen lassen. Fleisch in die Sauce geben und bei schwacher Hitze ca. 15 Min. ziehen lassen, öfter umrühren. Wein dazugießen, Zimtstange hinzufügen und Rehragout im heißen Ofen (unten, Umluft 130°) zugedeckt ca. 1 Std. 30 Min. schmoren.

2 Inzwischen für die Spätzle Mehl mit Grieß in eine Schüssel geben. Eier, ca. 200 ml lauwarmes Wasser und Essig dazugeben und mit einem Holzlöffel kräftig verrühren. Teig so lange schlagen, bis er sich vom Schüsselrand löst und Blasen wirft.
In einem breiten Topf Wasser aufkochen und Salz dazugeben. Teig portionsweise in einen Spätzlehobel füllen und ins kochende Salzwasser hobeln. Spätzle mit dem Schaumlöffel herausheben, wenn sie aufsteigen, und in einem Sieb abtropfen lassen.

3 Pfifferlinge putzen und trocken abreiben, bei Bedarf klein schneiden. Butter in einer Pfanne zerlassen und Pilze bei starker Hitze anbraten. Worcestersauce unterrühren. Pfifferlinge mit Salz, Pfeffer und Muskatnuss würzen und beiseitegestellte Speckwürfel dazugeben. Vor dem Servieren die Gewürze aus der Sauce fischen und Ragout mit Salz und Pfeffer abschmecken. Pfifferlinge untermischen. In einer Pfanne 1 EL Butter zerlassen und Spätzle darin schwenken. Rehragout mit den Spätzle anrichten.

KLASSIKER AUF NEUE ART

Cordon bleu

4 dünne Putenschnitze (à 125 g)
Salz
Pfeffer
60 g schnittfester Edelpilzkäse
4 Scheiben Lachsschinken
2 EL Mehl
1 Ei (L)
4 EL Semmelbrösel
3 EL Butterschmalz zum Braten
1 Zitrone
Außerdem:
Rouladennadeln oder Zahnstocher

Für 4 Portionen
Zubereitung: 30 Min.
Pro Portion ca. 670 kcal, 56 g E, 15 g F, 78 g KH

1 Die Schnitzel trocken tupfen und leicht klopfen. Leicht salzen und pfeffern. Den Käse in dünne Scheiben schneiden. Jeweils eine Schnitzelhälfte mit einer Schinkenscheibe und etwas Käse belegen, die Schnitzel in der Mitte zusammenklappen und an der Spitze mit Rouladennadeln oder Zahnstochern zusammenstecken. Außen salzen und pfeffern, in Mehl wenden.

2 Das Ei mit 1 EL Wasser verquirlen, die Semmelbrösel auf einen Teller streuen. Die Schnitzel erst in Ei, dann in den Bröseln wenden. Die Panierung andrücken. Erst eine große Pfanne, dann das Butterschmalz erhitzen. Die Schnitzel bei mittlerer Hitze in ca. 5 Min. pro Seite goldbraun braten. Die Zitrone vierteln und zu den Schnitzeln servieren.

AUSTAUSCH-TIPP
Klassischer wird es, wenn Sie die Kalbsschnitzel mit gekochtem Schinken und Emmentaler Käse füllen.

FEIN
& ZART

Rinderfilet mit Kräuterkruste

je 1 Bund Petersilie und Thymian
1 Zweig Rosmarin
1 Knoblauchzehe
3 EL Öl
2 EL Semmelbrösel
1 TL abgeriebene Bio-Zitronenschale
1 Eiweiß (M)
Salz
Pfeffer
1 EL Butter
600 g Rinderfilet
1 TL Dijon-Senf

Für 4 Personen
Zubereitung: 35 Min. | Garen: 30 Min.
Pro Portion ca. 255 kcal, 33 g E, 12 g F, 2 g KH

1 Den Backofen auf 220° (Umluft nicht geeignet) vorheizen. Die Kräuter waschen und trocken schütteln, die Blätter bzw. Nadeln abzupfen und fein hacken. Den Knoblauch schälen und fein würfeln. In einer Pfanne 1 EL Öl erhitzen und die Semmelbrösel darin leicht anrösten. Mit den Kräutern und der Zitronenschale mischen. Das Eiweiß mit dem Schneebesen leicht aufschlagen und die Kräutermischung unterrühren. Mit Salz und Pfeffer würzen.

2 In einer Pfanne das übrige Öl und die Butter erhitzen und das Rinderfilet darin rundherum kräftig anbraten. Mit Pfeffer würzen und mit dem Senf bestreichen. Die Kräutermischung auf dem Filet verteilen. Die Backofentemperatur auf 100° reduzieren.

3 Das Filet auf ein tiefes Backblech oder in eine ofenfeste Form legen und im heißen Ofen (unten) in 25 – 30 Min. rosa garen. Das Filet aus dem Ofen nehmen und vor dem Anschneiden abgedeckt 3 – 4 Min. ruhen lassen. Dazu passen Bratkartoffeln oder ein Kartoffelgratin.

BLITZ-
SCHNELL
GEMACHT

Überbackene Schweinemedaillons in Biersauce

Schweinefilet und Bergkäse, eine köstliche Kombination! Zusammen mit der würzigen Biersauce ein echter Knaller auf dem Teller.

8 Schweinefilet-Medaillons
(2 – 3 cm dick; 500 – 600 g)
½ Bund Petersilie
10 – 12 Zweige Thymian
70 g weiche Butter
50 g Semmelbrösel
50 g fein geriebener würziger Bergkäse
2 EL Öl
Salz
Pfeffer
200 ml Altbier
200 ml Fleischbrühe
½–1 EL dunkler Saucenbinder (nach Belieben)

Für 4 Personen
Zubereitung: 35 Min.
Pro Portion ca. 455 kcal, 38 g E, 27 g F, 2 g KH

1 Den Backofen auf 200° (Umluft 175°) vorheizen. Die Medaillons nach Belieben kalt abspülen und trocken tupfen. Etwas flach und in Form drücken.

2 Die Petersilie und den Thymian waschen und trocken schütteln, die Blättchen fein hacken und mit der Butter, den Semmelbröseln und dem Käse verrühren, kräftig pfeffern.

3 Das Öl in einer schweren Pfanne erhitzen. Die Medaillons darin von jeder Seite ca. 1 Min. bei starker Hitze scharf anbraten. Zwischendurch salzen und pfeffern. Die Medaillons dann in eine ofenfeste Form setzen, die Kräuter-Brösel-Mischung darauf verteilen. Die Medaillons im heißen Ofen (im oberen Drittel) 8 – 10 Min. überbacken.

4 Inzwischen das Bier und die Brühe in die Pfanne gießen, den Bratensatz unter Rühren lösen. Die Sauce bei starker Hitze etwas einkochen lassen, nach Belieben mit Saucenbinder ganz leicht andicken. Die Sauce abschmecken und zu den Medaillons servieren.

PASSENDER BEGLEITER

Kartoffeln passen gut zu dem herb-würzigen Essen. Für einen süßlichen Kontrast sorgen karamellisierte Kartoffeln, die ganz einfach gemacht sind. Dafür 600 g kleine neue Kartoffeln waschen und gut abreiben, in 2 EL Öl in einer Pfanne rundherum anbraten. Mit Salz, Pfeffer und gemahlenem Koriander würzen und offen bei mittlerer Hitze in ca. 20 Min. garen. Zwischendurch mehrmals wenden. Zuletzt 1 EL Zucker über die Kartoffeln streuen und diese noch ca. 2 Min. unter ständigem Rühren braten – der Zucker karamellisiert und verleiht den Knollen ein leicht süßliches Aroma.

Martinsgans aus dem Ofen

Am 11. November wird der heilige St. Martin mit einem opulenten Essen gefeiert. Die köstliche Martinsgans darf da auf keinen Fall fehlen!

1 küchenfertige Gans (4,5 – 4,8 kg)
Salz
Pfeffer
1 ½ TL getrockneter Majoran
1 ½ TL getrockneter Beifuß
3 Äpfel (z. B. Boskop)
1 Zwiebel
1 Möhre
1 Stück Knollensellerie (ca. 70 g)
1 Stück Lauch (ca. 50 g)
1 Tomate
400 ml Gänse- oder Geflügelfond (aus dem Glas)
50 ml Rotwein (ersatzweise Fond)
1 ½ TL Speisestärke
Holzspießchen und Küchengarn

Für 8 Personen
Zubereitung: 30 Min. | Garen: 3 Std. 45 Min.
Pro Portion ca. 1535 kcal, 70 g E, 138 g F, 2 g KH

1 Backofen auf 200° vorheizen. Gans innen und außen waschen und trocken tupfen. Innen mit Salz, Pfeffer und je 1 TL Majoran und Beifuß einreiben, außen pfeffern und salzen. Äpfel waschen, abtrocknen und in die Gans stecken. Halsöffnung mit Hilfe von Holzspießchen zustecken und diese mit Küchengarn zusammenbinden. Gans mit der Brust nach unten auf ein tiefes Backblech legen und 500 ml Wasser angießen – es verdunstet im Laufe des Garvorgangs. Die Gans im Ofen (unten, Umluft 180°) ca. 1 Std. garen, dabei unter den Keulen mehrmals mit einem Holzspießchen einstechen, sodass so viel Fett wie möglich herauslaufen kann.

2 Die Ofentemperatur auf 175° (Umluft 160°) verringern. Gans auf den Rücken drehen, mit Bratfett begießen und 1 Std. 30 Min.–1 Std. 45 Min. weitergaren, dabei ab und zu mit Bratfett beschöpfen. Sollte die Haut schon sehr bräunen, mit Backpapier abdecken. Inzwischen Zwiebel schälen und in dicke Ringe schneiden. Möhre und Sellerie schälen, Lauch waschen und putzen, Gemüse in schmale Stücke schneiden. Tomate waschen, vierteln.

3 Die Gans nochmals mit Fett begießen, dann möglichst viel von dem ausgetretenen Fett mit einem Löffel abschöpfen, dabei darauf achten, dass der Bratensatz auf dem Boden des Bleches zurückbleibt. Zwiebel, Möhre, Sellerie, Lauch und Tomate im Bratensatz rund um die Gans verteilen und alles nochmals ca. 1 Std. garen. Währenddessen 1 TL Salz in 150 ml kaltem Wasser auflösen und die Gans damit ca. 20 Min. vor Garzeitende bepinseln – auf diese Weise wird sie schön knusprig.

4 Die Gans auf eine Platte heben und im ausgeschalteten Backofen warm halten. Etwas Fond zum Bratensatz gießen und diesen mit Hilfe eines Holzkochlöffels von dem Blech loslösen. Bratensatz und Gemüse in einen Topf geben, übrigen Fond und dem Rotwein dazugießen und auf dem Herd zum Kochen bringen. Die Stärke mit 3 – 5 EL kaltem Wasser verrühren und in die kochende Sauce rühren, mit restlichem Majoran und Beifuß würzen. Sauce bei mittlerer Hitze offen ca. 10 Min. einkochen lassen. Inzwischen die Gans tranchieren (die Äpfel in der Gans eignen sich nicht zum Essen, sie haben sich voll Fett gesaugt, aber schön Aroma abgegeben).

5 Die Sauce mit Salz und Pfeffer abschmecken und durch ein feines Sieb streichen, zur Gans servieren. Dazu schmecken Knödel oder Klöße, Rotkraut und Cassisbirnen.

MACHT WAS HER

Zigeunerschnitzel

Der Name ist nicht zeitgemäß, aber unter einem »Roma-Schnitzel« könnte man sich nichts vorstellen. Hier die Zubereitung aus der feinen Küche.

4 Kalbsschnitzel (à 125 g)
Salz
Pfeffer
1 EL Mehl
1 Zwiebel
1 Knoblauchzehe
6 reife Tomaten (350 g)
100 g kleine Champignons
2 Zweige frischer Thymian
4 EL Butter
250 ml trockener Weißwein
50 g gekochte Zunge (Aufschnitt)
50 g gekochter Schinken ohne Fett und Schwarte
Cayennepfeffer

Für 4 Personen
Zubereitung: 45 Min.
Pro Portion ca. 210 kcal, 7 g E, 12 g F, 9 g KH

1 Die Schnitzel mit der flachen Seite des Fleischklopfers leicht klopfen, salzen und pfeffern, dünn mit Mehl bestreuen. Die Zwiebel und den Knoblauch schälen und fein hacken.

2 Die Tomaten mit kochendem Wasser überbrühen, häuten, halbieren und entkernen. Das Fruchtfleisch sehr klein würfeln, dabei die Stielansätze entfernen. Die Champignons mit Küchenpapier säubern, putzen und in feine Scheiben schneiden. Den Thymian waschen, trocken schütteln und die Blättchen abzupfen.

3 Eine große Pfanne erhitzen. 2 EL Butter bei mittlerer bis starker Hitze darin aufschäumen lassen. Die Schnitzel auf beiden Seiten 1 – 2 Min. scharf anbraten, dann die Hitze reduzieren und die Schnitzel in ca. 3 Min. pro Seite fertig braten. Aus der Pfanne heben und zum Nachziehen in Alufolie wickeln.

4 Die Bratbutter abgießen und die restliche Butter in der Pfanne erhitzen. Die Zwiebel- und Knoblauchwürfel in ca. 4 Min. hell andünsten, die Champignons zugeben und braten, bis die Flüssigkeit verdampft ist. Mit dem Weißwein ablöschen und bei mittlerer Hitze fast einkochen lassen. Die Tomatenwürfel und die Thymianblättchen in die Pfanne geben und ca. 10 Min. leise kochen lassen.

5 Die Zunge und den Schinken in feine Streifen schneiden, in die Sauce rühren. Mit Salz und Cayennepfeffer pikant abschmecken. Die Schnitzel aus der Folie nehmen und samt ausgetretenem Fleischsaft in die Sauce legen und gerade heiß werden lassen.

UND DAZU?
Servieren Sie kleine Pellkartoffeln. Sie schmecken noch feiner, wenn Sie sie kurz in Butter und Petersilie schwenken.

SCHMECKT GROSS & KLEIN

Geschnetzeltes in Pfefferrahm

Wenn's schnell gehen muss, ist dieses Gericht ideal! Im Handumdrehen ist das feine Schweinegeschnetzelte in pfeffriger Sahnesoße gezaubert.

1 Bund Frühlingszwiebeln
10 – 15 Zweige Zitronenthymian
500 g Schweineschnitzel (z. B. aus der Nuss)
1 EL Butterschmalz
Salz
Zitronenpfeffer
2 TL Mehl
200 ml Fleischbrühe
100 g Sahne
4 EL eingelegter grüner Pfeffer

Für 4 Personen
Zubereitung: 25 Min.
Pro Portion ca. 255 kcal, 29 g E, 13 g F, 4 g KH

1 Die Frühlingszwiebeln waschen, putzen und schräg in feine Ringe schneiden. Den Zitronenthymian waschen und trocken schütteln, die Blättchen abzupfen oder von den Stielen streifen.

2 Das Schweineschnitzel nach Belieben kalt abwaschen, auf jeden Fall gut trocken tupfen. Quer zur Faser in schmale Streifen schneiden. Das Butterschmalz in einer Pfanne oder im Wok stark erhitzen, das Fleisch darin portionsweise rundherum ½ – 1 Min. goldbraun anbraten. Mit Salz und Zitronenpfeffer würzen und mit einem Schaumlöffel herausnehmen.

3 Die Frühlingszwiebeln im Bratfett in der Pfanne oder im Wok andünsten. Das Mehl darüberstreuen und kurz anschwitzen. Die Brühe angießen und den Bratensatz unter Rühren lösen. Bei starker Hitze 2 – 3 Min. einkochen lassen. Dann die Sahne einrühren und auch diese ca. 2 Min. einkochen lassen.

4 Den Zitronenthymian und den grünen Pfeffer einrühren, dann das Fleisch wieder in die Pfanne oder den Wok geben. Noch kurz durchgaren, dann herzhaft abschmecken und sofort servieren.

SCHON GEWUSST?

Äußerlich ähnelt der Zitronenthymian dem üblichen Küchenthymian. Es handelt sich dabei jedoch um eine ganz eigene Variante, die sich vor allem durch den frischen Duft nach Zitrone auszeichnet. Besonders gut passt Zitronenthymian zu Fisch und Meeresfrüchten, aber auch in diesem Geschnetzelten macht er eine gute Figur.

MIT KLASSISCHER FÜLLUNG

Rinderrouladen mit gebratenem Rosenkohl

Rouladen und scharf angebratene Rosenkohlblätter sind ein echtes Dreamteam. Zusammen mit der Rotweinsauce einfach unwiderstehlich!

Für die Rouladen:
50 g altbackenes Weißbrot
50 g Räucherspeck
2 rote Zwiebeln
1 Bund Petersilie
2 – 3 EL Butter
4 Gewürzgurken
4 dünne Scheiben Rindfleisch (je ca. 150 g; aus der Keule)
2 TL Dijonsenf
Salz
Pfeffer
1 EL Mehl
1 EL Butterschmalz (oder Butter)
1 – 2 TL Orangenmarmelade
2 EL Aceto balsamico
150 ml Rotwein
1 Lorbeerblatt

Für den Rosenkohl:
400 g Rosenkohl
3 Schalotten
1 EL Butterschmalz (oder Butter)
Salz
Pfeffer
gemahlener Piment

Für 4 Personen
Zubereitung: 1 Std. | Garen: 1 Std. 30 Min.
Pro Portion ca. 525 kcal, 39 g E, 30 g F, 19 g KH

1 Für die Rouladen Weißbrot im Blitzhacker grob zerkleinern. Speck in feine Streifen schneiden und in einer Pfanne bei mittlerer Hitze goldbraun und knusprig braten. Speck aus der Pfanne nehmen und in eine Schüssel geben. Brotbrösel im ausgelassenen Fett goldbraun braten, zu den Speckstreifen geben und beiseitestellen. Zwiebeln schälen und in feine Würfel schneiden. Petersilie abbrausen und trocken schütteln, Blätter abzupfen und hacken. In einer Pfanne 1 – 2 EL Butter zerlassen und Zwiebeln darin glasig dünsten. Petersilie dazugeben und ca. 1 Min. mitdünsten. Pfanne vom Herd nehmen und Zwiebelmischung mit Speckbröseln mischen. Gewürzgurken längs vierteln.

2 Rindfleischscheiben mit dem Plattiereisen gleichmäßig flach klopfen, mit Senf bestreichen und mit Salz und Pfeffer würzen. Zwiebel-Speck-Mischung auf den Fleischscheiben verteilen und quer mit Gewürzgurken belegen. Längsseiten etwas nach innen einschlagen und Fleischscheiben von einer Schmalseite aus aufrollen. Enden mit Rouladennadeln feststecken und Rollen mit wenig Mehl bestäuben. In einer Pfanne Butterschmalz erhitzen und Rouladen darin rundherum anbraten. Orangenmarmelade dazugeben, mit Essig und etwas Wein ablöschen und Flüssigkeit einkochen lassen. Vorgang wiederholen, bis der Wein aufgebraucht ist. Dann 400 ml kaltes Wasser angießen, Lorbeerblatt dazugeben und Rouladen zugedeckt bei kleiner Hitze ca. 1 ½ Std. schmoren, dabei ab und zu vorsichtig wenden. Gegen Ende der Garzeit Sauce mit Salz und Pfeffer würzen.

3 Rosenkohl putzen, dabei den Strunk jeweils großzügig abschneiden und mit einem Messer die einzelnen Blätter ablösen. Schalotten schälen und in nicht zu feine Würfel schneiden. Butterschmalz in einer großen beschichteten Pfanne erhitzen. Rosenkohlblätter und Schalotten darin bei großer Hitze unter Rühren 3 – 4 Min. braten. Mit Salz, Pfeffer und 1 Prise Piment würzen. Rinderrouladen mit Sauce und Rosenkohlblättern auf Tellern anrichten. Dazu passen Salzkartoffeln oder Kartoffelpüree.

MIT FEINER ROTWEIN-SAUCE

Zwiebelrostbraten mit Kartoffelgratin

Wer's deftig mag, kommt hier auf seine Kosten. Die Leibspeise der Österreicher wird bestimmt auch bei Ihnen großen Anklang finden.

Für das Gratin:
1 kg festkochende Kartoffeln
1 Knoblauchzehe
200 ml Milch (3,5 % Fett)
200 g Sahne
Salz
frisch geriebene Muskatnuss
100 g frisch geriebener Hartkäse (z. B. Greyerzer)
Für den Rostbraten:
2 große Zwiebeln
1 EL Mehl
100 ml Öl
Salz
Pfeffer
4 Rinderlendensteaks (à ca. 125 g)
1 EL Butter
1 TL Tomatenmark
200 ml Fleischbrühe
100 ml trockener Rotwein (ersatzweise Fleischbrühe)
30 g kalte Butter
Außerdem:
Butter für die Form
Öl zum Braten

Für 4 Personen
Zubereitung: 1 Std. | Backen: 40 Min.
Pro Portion ca. 840 kcal, 39 g E, 69 g F, 11 g KH

1 Für das Gratin Kartoffeln waschen, schälen und in ca. 3 mm dicke Scheiben schneiden. Knoblauch schälen. Milch und Sahne in einem Topf mit dem Knoblauch aufkochen und bei abgeschalteter Herdplatte ca. 5 Min. ziehen lassen, dann den Knoblauch entfernen. Backofen auf 150° vorheizen.

2 Eine flache ofenfeste Form mit Butter einfetten und die Kartoffeln dachziegelartig einschichten. Mit Salz und Muskatnuss würzen. Die Sahnemilch dazugießen und 75 g geriebenen Käse darüberstreuen. Das Gratin im heißen Ofen (Mitte, Umluft 130°) ca. 30 Min. garen. Dann die Ofentemperatur auf 200° (Umluft 180°) erhöhen. Den restlichen Käse auf das Gratin streuen und das Gratin in weiteren 10 Min. goldbraun überbacken.

3 Inzwischen für den Rostbraten die Zwiebeln schälen und in dünne Ringe schneiden. Mehl in einen tiefen Teller geben und die Zwiebeln darin wenden. Das Öl in einer Pfanne erhitzen und die Zwiebelringe darin bei starker Hitze goldbraun braten. Herausnehmen und auf Küchenpapier abtropfen lassen. Mit Salz und Pfeffer bestreuen. Öl zum Wiederverwenden durch ein feines Sieb gießen.

4 Die Fettschicht der Steaks mehrfach einschneiden. Die Steaks mit 2 EL Öl bestreichen und auf jeder Seite mit Salz und Pfeffer würzen. 2 EL Öl und die Butter in einer Pfanne erhitzen. Die Steaks darin auf jeder Seite 2 – 3 Min. anbraten und herausnehmen. Das Tomatenmark in der Pfanne leicht anrösten, die Brühe dazugeben und unter Rühren aufkochen lassen. Den Wein hinzufügen und alles ca. 5 Min. einkochen lassen. Die Steaks wieder in den Fond geben und zugedeckt bei schwacher Hitze in ca. 6 Min. gar ziehen lassen, dabei ab und zu mit dem Fond begießen.

5 Die Steaks auf eine vorgewärmte Platte legen. Die Butter in Flöckchen in die Sauce rühren. Mit Salz und Pfeffer abschmecken und die Hälfte der Zwiebeln unterrühren. Das Fleisch mit der Sauce anrichten und mit den restlichen Zwiebelringen bestreuen. Das Kartoffelgratin dazu servieren. Dazu passt Blattsalat.

BEILAGEN & VEGETARISCHES

Sei es das klassische Kartoffelpüree mit Röstzwiebeln oder herrlich duftendes, selbst gebackenes Brot: Hier wird jeder Feinschmecker fündig.

EINFACH & SCHNELL

Lauch-Kartoffel-Gratin

Kartoffeln, Lauch und Käse: Eine bessere Kombination gibt's nicht! Ob als Beilage oder Hauptgericht – dieses Gratin wird jeden überzeugen.

500 g mehligkochende Kartoffeln
1 kg Lauch
150 g gekochter Schinken (in Scheiben)
100 g Allgäuer Emmentaler oder Bergkäse (am Stück)
250 ml Milch
1 Knoblauchzehe
Salz
Pfeffer
frisch geriebene Muskatnuss
200 g Sahne
Außerdem:
Butter für die Form

Für 4 Personen
Zubereitung: 25 Min. | Garen: 30 Min.
Pro Portion ca. 465 kcal, 24 g E, 30 g F, 25 g KH

1 Die Kartoffeln waschen, schälen und in ca. 3 mm dicke Scheiben schneiden oder hobeln. Den Lauch putzen, längs halbieren, gründlich waschen und in ca. 5 mm dicke Ringe schneiden. Den Schinken klein schneiden, den Käse fein reiben.

2 Die Milch in einen Topf geben, den Knoblauch schälen und dazupressen. Mit Salz, Pfeffer und Muskatnuss würzen. Die Milch aufkochen und die Kartoffeln darin zugedeckt bei schwacher Hitze 8–10 Min. kochen, bis sie weich, aber nicht durchgegart sind.

3 Inzwischen den Backofen auf 200° vorheizen und eine große ofenfeste Form mit Butter einfetten. Die Kartoffeln mit dem Schaumlöffel aus der Milch heben und mit Lauch und Schinken mischen.

4 Die Hälfte der Kartoffelmischung in die Form geben und mit der Hälfte des Käses bestreuen. Die restliche Kartoffelmischung darauf verteilen. Die Sahne unter die Milch rühren, nochmals mit Salz, Pfeffer und Muskatnuss würzen und über das Gratin gießen. Mit dem übrigen Käse bestreuen und im heißen Ofen (Mitte, Umluft 180°) in ca. 30 Min. goldbraun backen. Herausnehmen, kurz ruhen lassen und mit Endivien- oder Feldsalat servieren.

VARIANTE

Wer lieber ein vegetarisches Gratin kochen möchte, lässt den Schinken einfach weg oder ersetzt ihn durch 150 g Champignons. Diese putzen, entstielen, in Scheiben schneiden und in die Kartoffelmischung geben, bevor diese in den Ofen kommt.

HIMMLISCH KNUSPRIG

Klassische Bratkartoffeln

So einfach diese Beilage scheint, desto mehr kann man falsch machen. Hier erfahren Sie alles zu perfekten Bratkartoffeln.

600 g mittelgroße festkochende Kartoffeln
Salz
4–5 EL Öl
½ TL Kümmelkörner
Pfeffer

Für 4 Personen
Zubereitung: 50 Min. | Kochen: 20 Min. | Kühlen: 12 Std.
Pro Portion ca. 215 kcal, 2 g E, 15 g F, 18 g KH

1 Am Vortag die Kartoffeln mit 1 TL Salz in einen Topf geben und knapp mit warmem Wasser bedecken. Kartoffeln zum Kochen bringen und bei mittlerer Hitze zugedeckt in 15–20 Min. bissfest garen.

2 Das Kochwasser aus dem Topf abgießen und die Kartoffeln im Topf auf der ausgeschalteten Herdplatte offen kurz ausdämpfen lassen. Die noch heißen Kartoffeln pellen und nebeneinandergelegt am besten über Nacht vollständig auskühlen lassen.

3 Am nächsten Tag die Kartoffeln in 5 mm dicke Scheiben schneiden. Eine große Pfanne bei mittlerer Hitze erhitzen. Das Öl hineingießen und die Kartoffeln möglichst nebeneinander und nicht übereinander in der Pfanne verteilen. Kartoffeln 6–8 Min. ohne Wenden braten, sodass sie von einer Seite schön bräunen.

4 Die Kartoffeln wenden, Kümmel zugeben und weitere 4–5 Min. ohne Wenden braten, bis die andere Seite gebräunt ist. Salzen, pfeffern und die Bratkartoffeln noch 1–2 Min. unter Wenden fertig braten.

TIPP

Echte Bratkartoffel-Fans haben eine eigene Pfanne für ihre Leidenschaft. Sie hat mindestens einen Durchmesser von 28 cm, damit man die Kartoffeln darin nicht stapeln muss. Sie sollte schwer sein, damit die Hitze beim Braten gleichmäßig bleibt. Ideal ist eine beschichtete oder eine Eisenpfanne, wobei Letztere oft benutzt, stets eingeölt und nie mit Spülmittel gewaschen wird – einfach nur trocken auswischen, mit heißem Wasser ausspülen und einölen.

FÜR KARTOFFEL-FANS

Gemischte Kartoffeln mit Blattspinat und Lauch

Im Kräutersud gekochte Pellkartoffeln, dazu Lauch und Spinat und alles in einer gehaltvollen Sauce. Als Beilage oder Hauptgericht himmlisch.

500 g mehligkochende Kartoffeln
500 g festkochende Kartoffeln
2 TL Kümmel
2 Lorbeerblätter
Salz
1 Stange Lauch
150 g junger Blattspinat
1 Bund glatte Petersilie
30 g Sauerrahmbutter
30 g Mehl
750 ml Fleisch- oder Gemüsebrühe
Pfeffer
etwas frisch geriebene Muskatnuss
100 g saure Sahne

Für 4 Personen
Zubereitung: 50 Min.
Pro Portion ca. 270 kcal, 7 g E, 9 g F, 38 g KH

1 Die Kartoffeln waschen und bürsten. Jede Sorte in einen eigenen Topf geben und mit Wasser bedecken. Mit je 1 TL Kümmel, 1 Lorbeerblatt und Salz würzen und in ca. 30 Min. weich kochen. Kartoffeln abgießen, noch warm schälen, in 5 mm dünne Scheiben schneiden und beiseitestellen.

2 Vom Lauch die äußeren Blätter abziehen und das obere Grün abschneiden. Halbieren, waschen und quer in ½ cm dicke Scheiben schneiden. Salzwasser in einem Topf zum Kochen bringen, die Lauchscheiben kurz hineingeben, kalt abschrecken und abtropfen lassen.

3 Den Spinat gründlich waschen, verlesen und trocken schleudern. Petersilie waschen, trocken schütteln und abzupfen.

4 In einem flachen Topf die Butter schmelzen und das Mehl mit einem Schneebesen einrühren. Die kalte Brühe portionsweise und unter Rühren dazugeben und langsam bei mittlerer Hitze aufkochen. Mit Salz und Pfeffer würzen. Bei geringer Hitze ca. 30 Min. köcheln und gelegentlich umrühren.

5 Die Kartoffelscheiben in die Mehlschwitze einlegen, den Lauch dazugeben und alles leicht erwärmen. Mit Salz, Pfeffer und Muskat abschmecken. Den Spinat vorsichtig untermischen, die saure Sahne unterrühren, mit Petersilie bestreuen und auf Tellern angerichtet servieren.

INFO

Dieses Rezept schmeckt als Hauptgericht oder als feine Beilage zu gekochtem Rindfleisch, Kopffleisch vom Schwein und besonders gut zu frischer Blut- und Leberwurst. Die mehligkochende Kartoffelsorte sorgt hier für den Geschmack, die festkochende für eine attraktive Optik.

HERRLICH AROMATISCH

Rosmarin-Ofenkartoffeln

1,2 kg kleine, junge Kartoffeln
4 Zweige Rosmarin
3 Knoblauchzehen
4 EL Olivenöl
Meersalz
Pfeffer

Zutaten für 6 Personen
Zubereitung: 20 Min. | Garen: 45 – 50 Min.
Pro Portion ca. 200 kcal, 4 g E, 7 g F, 30 g KH

1 Die Kartoffeln gründlich unter fließendem Wasser abschrubben und waschen. Unschöne Stellen an der Schale eventuell mit einem kleinen Messer abkratzen oder herausschneiden. Dann die Kartoffeln je nach Größe längs halbieren oder vierteln.

2 Den Backofen auf 180° vorheizen. Den Rosmarin waschen und trocken schütteln, von 2 Zweigen die Blättchen abzupfen und grob hacken, übrige Zweige grob zerteilen. Knoblauch schälen, in feine Scheibchen schneiden und mit dem Öl, den grob zerteilten Rosmarinzweigen und den Kartoffeln in einer Schüssel gründlich mischen.

3 Dann die Kartoffeln (mit den Schnittflächen nach oben), die Knoblauchscheiben und die Rosmarinzweige auf ein mit Backpapier ausgelegtes Blech geben, mit dem gehackten Rosmarin bestreuen, salzen und pfeffern. Die Kartoffeln im Ofen (Mitte, Umluft 160°) in 45 – 50 Min. goldbraun garen. Sie passen gut zu allen Grillgerichten!

MIT KÜRBIS-TOPPING

Kräuter-Stampfkartoffeln

2 Handvoll gemischte Kräuter (ca. 100 g, z. B. Dill, Petersilie, Schnittlauch, Kerbel, Zitronenmelisse, Borretsch)
150 g Blattspinat
Salz
700 g mehligkochende Kartoffeln
250 ml Gemüsebrühe
2 EL Kürbiskerne
4 EL Kürbiskernöl

Für 4 Personen
Zubereitung: 30 Min. | Kochen: 15 Min.
Pro Portion ca. 280 kcal, 9 g E, 17 g F, 23 g KH

1 Kräuter waschen und trocken schütteln. Schnittlauch in Röllchen schneiden. Die übrigen Kräuterblätter von den Stielen zupfen und grob hacken. Die Kräuterstiele zusammenbinden. Blattspinat gründlich waschen und putzen, nur die Blätter verwenden. Den Spinat tropfnass in einen Topf geben, salzen und bei mittlerer Hitze zusammenfallen lassen. Vom Herd nehmen, gehackte Kräuter und Schnittlauchröllchen einrühren und abkühlen lassen.

2 Inzwischen die Kartoffeln schälen und würfeln. Kartoffeln mit Brühe und Kräuterstielen in einen Topf geben und ca. 15 Min. bei kleiner Hitze zugedeckt kochen lassen, bis sie bissfest sind. Kräuterstiele entfernen und die Kartoffeln mit der Brühe grob zerstampfen.

3 Die Spinatmischung ausdrücken, dabei den Saft auffangen. Den Spinat grob hacken, mit dem Spinatsaft unter den Stampf mischen und warm halten.

4 Die Kürbiskerne in einer Pfanne ohne Fett anrösten, mit dem Kürbiskernöl mischen und extra zu den Stampfkartoffeln reichen.

EINFACH & VOLLER AROMA

Mariniertes Gartengemüse

Simpel gebratenes oder gedünstetes Gemüse mit etwas Olivenöl ist ganz groß – wenn es Aroma hat, mariniert und nicht gekühlt wurde.

300 g Möhren
300 g Rübchen (z. B. Mai-Rübchen oder Teltower Rübchen)
300 g grüne Bohnen
2 Knoblauchzehen
6 EL Olivenöl
Salz
Pfeffer
1 Bio-Zitrone
1 TL scharfer Senf

Zutaten für 4 Personen
Zubereitung: 25 Min | Marinieren: 3 Std.
Pro Portion ca. 195 kcal, 3 g E, 15 g F, 10 g KH

1 Die Möhren und Rübchen schälen. Kleine Möhren längs halbieren, große vierteln und in 4 cm lange Stücke schneiden. Die Rübchen in dünne Spalten schneiden. Bohnen waschen und die Enden abschneiden. Wenn sich dabei Fäden lösen, mit abziehen. Den Knoblauch schälen und in dünne Scheiben schneiden.

2 In einem Topf 2 EL Olivenöl erhitzen. Darin Gemüse und Knoblauch ca. 3 Min. bei mittlerer Hitze andünsten. Mit Salz und Pfeffer würzen, 200 ml Wasser zugeben. Bei geringer Hitze zugedeckt in ca. 10 Min. gar dünsten. Anschließend das Gemüse und den Knoblauch in ein Sieb abgießen, den ablaufenden Dünstfond auffangen.

3 Zitrone heiß waschen und abtrocknen, die Schale fein abreiben, den Saft auspressen. Zitronensaft mit Senf, Dünstfond und dem restlichen Olivenöl verrühren. Die Marinade mit Salz und Pfeffer abschmecken. Das Gemüse und den Knoblauch mit der Marinade vermischen und zugedeckt mindestens 3 Std. bei Raumtemperatur ziehen lassen.

INFO
Mai-Rübchen oder Teltower Rübchen sind besondere Formen der Speiserübe. Die weißen oder weiß-lila Knollen erinnern im Geschmack an Rettich oder Radieschen. Erntezeit ist im Mai (Mai-Rübchen) sowie im August (Teltower Rübchen).

Beulches – Hessische Lauchklöße

Zubereitet wie die österreichischen Serviettenknödel, bestechen hessische Beulches vor allem durch würziges Pökelfleisch und aromatischen Lauch.

1 Stange Lauch
100 g Pökelfleisch (z. B. Kasseler)
Salz
800 g mehligkochende Kartoffeln
1 EL Reis
Außerdem:
Küchentuch und Küchengarn

Für 4 Personen
Zubereitung: 30 Min. | Kochen: 30 Min.
Pro Portion ca. 140 kcal, 5 g E, 1 g F, 28 g KH

1 Den Lauch längs halbieren, putzen, waschen und in ca. 1 cm große Würfel schneiden. Pökelfleisch ebenfalls 1 cm groß würfeln.

2 Reichlich Salzwasser in einem weiten Topf zum Kochen bringen. Die Kartoffeln schälen und auf der Gemüsereibe fein reiben. Anschließend mit den Lauch- und Fleischwürfeln, ½ TL Salz und dem Reis mischen. Die Masse auf ein Küchentuch geben und zu einer Rolle formen. Enden mit Küchengarn zusammenbinden, sodass eine stramme Rolle entsteht.

3 Die Rolle in siedendes Wasser legen und darin bei kleiner bis mittlerer Hitze in ca. 30 Min. zugedeckt gar ziehen lassen. Anschließend aus dem Wasser heben, auspacken und in Scheiben geschnitten servieren. Die Klöße passen am besten zu Gerichten mit viel Sauce, wie beispielsweise Schweineragout oder Kasseler-Schmorbraten.

PASSENDER BEGLEITER

Traditionell werden Beulches mit Zwiebelsoße serviert. Hierfür 500 g Zwiebeln in feine Streifen schneiden und in Butter andünsten. Mit Salz und Pfeffer würzen, mit 1 EL Mehl bestäuben und anschwitzen. Mit 250 ml dunklem Bier ablöschen und einkochen lassen. Etwas Wasser zugeben und kochen lassen, bis die Zwiebeln weich sind. Mit Salz und Pfeffer abschmecken.

TIPP

Statt der rohen Reiskörner können Sie auch Grieß (ob Hart- oder Weichweizen ist egal) oder eine entrindete und gewürfelte Toastbrotscheibe zur Masse geben, was ihr jeweils noch etwas Halt gibt. Und wenn kein Pökelfleisch zur Hand ist, tut es auch nicht zu fetter durchwachsener Räucherspeck.

RUSTIKALER BROTAUFSTRICH

Apfel-Zwiebel-Schmalz mit Grieben

Diese bayerische Spezialität schmeckt besonders gut auf kräftigem dunklen Brot. Auch als kulinarisches Mitbringsel sehr zu empfehlen!

500 g grüner Speck (roher, unbehandelter Rückenspeck vom Schwein, eventuell beim Metzger vorbestellen)
2 Zwiebeln
1 großer Apfel (z. B. Boskop)
5 Zweige Thymian
Salz
Pfeffer

Für 2 Twist-off-Gläser (je ca. ¼ l):
Zubereitung: 40 Min. | Garen: 1 Std. 50 Min.
Pro Glas ca. 1940 kcal, 11 g E, 207 g F, 8 g KH

1 Den Speck in ca. 5 mm große Würfel schneiden. In einen weiten Topf geben und bei kleiner Hitze unter gelegentlichem Rühren so lange erhitzen, bis reichlich Fett austritt – das kann 30 – 45 Min. dauern, dabei sollte der Speck aber nicht bräunen.

2 Sobald die Speckwürfel wesentlich kleiner sind und in reichlich leicht sprudelndem Fett schwimmen, die Hitze ein wenig erhöhen und den Speck ganz langsam goldbraun braten (das kann wieder gut 30 – 45 Min. dauern). Es ist wichtig, das Fett nicht zu stark zu erhitzen, sonst verbrennen die Grieben, aber auch nicht zu wenig, sonst werden sie nicht knusprig

3 Zwischendurch die Zwiebeln schälen und in feine Würfel schneiden. Apfel waschen, vierteln, entkernen und ebenfalls in kleine Würfel schneiden. Thymian abbrausen und gut trocken schütteln, die Blättchen abzupfen und fein hacken.

4 Ausgelassenes Schmalz samt der Grieben in ein feines Sieb gießen, dabei das Schmalz auffangen, dann abkühlen lassen, bis es leicht cremig wird. Vorher 2 – 3 EL Schmalz zurück in den Topf geben, Zwiebeln und Apfel dazugeben und unter Rühren bei kleiner bis mittlerer Hitze in 15 – 20 Min. leicht braun braten. Thymian untermischen, Masse salzen und pfeffern. Den Topf vom Herd nehmen und die Apfel-Zwiebel-Mischung etwas abkühlen lassen.

5 Sobald das Schmalz leicht cremig wird, die Apfel-Zwiebel-Mischung und die Grieben unterrühren und alles in sauber ausgespülte, abgetrocknete Twist-off-Gläser füllen, gut verschließen. Das Schmalz hält sich im Kühlschrank 2 – 3 Wochen.

MACHT GUTE LAUNE

Krustenbrot mit Koriander und Kümmel

Brot selbst backen ist etwas aufwendig, man wird jedoch mit einem wundervollen Ergebnis belohnt. Besonders bei diesem würzigen Krustenbrot!

100 g Sauerteigansatz (Anstellsauer; vom Bäcker oder selbst gemacht)
900 g Roggenmehl (Type 1150)
je 1 EL Korianderkörner, Nigella- und Kümmel- oder Fenchelsamen
450 g Weizenmehl (Type 550 oder 405)
1 Pck. Trockenhefe (ca. 7 g)
30 g Salz

Für 1 Brot (ca. 2 kg, 30 Scheiben)
Zubereitung: 30 Min. | Ruhen: 24 Std. |
Backen: 1 Std. 5 Min.
Pro Scheibe ca. 160 kcal, 5 g E, 1 g F, 33 g KH

1 Am Vortag den Sauerteigansatz mit 1 EL Roggenmehl und 2 EL lauwarmem Wasser in einer Schüssel dickflüssig verrühren. Die Mischung an einem warmen Ort 3 – 6 Std. gären lassen, bis sich Bläschen bilden.

2 50 g des gegorenen Sauerteigansatzes mit 350 g Roggenmehl und 350 ml lauwarmem Wasser in einer Schüssel zu einem Vorteig mischen. Den restlichen Sauerteigansatz in den Kühlschrank stellen. Den Vorteig mit einem Küchentuch und einer Plastiktüte zudecken und bei Zimmertemperatur 12 – 15 Std. – am besten über Nacht – reifen lassen (er sollte feucht und vollständig von Bläschen durchzogen sein). Dann 2 EL Vorteig abnehmen, mit 1 EL Roggenmehl und 2 EL Wasser in einem verschließbaren Glas verrühren und kühl stellen – das ist der neue Ansatz für das nächste Brot.

3 Am Zubereitungstag die Gewürze im Mörser grob zerstoßen. Das restliche Roggenmehl mit 550 ml Wasser, dem übrigen kühl gestellten Sauerteigansatz, Weizenmehl, Hefe, Salz, der Hälfte der Gewürze und dem Vorteig in einer Schüssel zu einem glatten Teig verkneten. Den Teig ca. 1 Std. ruhen lassen. Dann auf der mit Roggenmehl bestäubten Arbeitsfläche zu einem runden Laib formen. Den Laib in einen mit Roggenmehl bestäubten Gärkorb oder in eine mit einem bemehlten Küchentuch ausgelegte Schüssel setzen. Mit einem Küchentuch zudecken, die Plastiktüte locker darüberlegen und den Teig ca. 2 Std. auf gut die 1 ½-fache Größe aufgehen lassen.

4 In der Zwischenzeit ein Blech direkt auf den Ofenboden legen, einen Backstein unten und einen zweiten Backstein (oder ein Backblech) oben in den Ofen schieben. Den Backofen auf 280° (Umluft nicht geeignet) vorheizen. Das Brot auf den unteren heißen Stein stürzen, mit einer nassen Hand die Oberfläche befeuchten und die Gewürze darüberstreuen. Die Backofentemperatur auf 250° reduzieren, ca. 200 ml Wasser auf das untere Blech gießen und das Brot ca. 15 Min. backen. Danach den Ofen kurz öffnen, damit die Feuchtigkeit abziehen kann. Das Brot in ca. 50 Min. goldbraun backen. Herausnehmen und auf einem Gitter abkühlen lassen.

BEILAGE, DIE VIEL SAUCE MAG

Kroketten

700 g mehligkochende Kartoffeln
Salz
2 Eier (M)
weißer Pfeffer
100 g Mehl
1 TL Pflanzenöl
200 g Semmelbrösel
1,5 kg pflanzliches Frittierfett
Außerdem:
Mehl zum Arbeiten

Für 4 – 6 Personen
Zubereitung: 1 Std. | Kochen: 25 Min.
Pro Portion ca. 315 kcal, 10 g E, 8 g F, 26 g KH

1 Kartoffeln waschen und mit 1 TL Salz bei mittlerer Hitze zugedeckt in 20 – 25 Min. garen. Eier trennen. Kartoffeln abgießen, heiß pellen und durch die Presse drücken oder fein zerstampfen. Die heiße Masse mit den Eigelben mischen, salzen und pfeffern.

2 Die Masse in einen Spritzbeutel ohne Tülle füllen und zu gut daumendicken Rollen auf die bemehlte Arbeitsfläche spritzen. Die Rolle in ca. 4 cm lange Stücke schneiden und vollständig auskühlen lassen.

3 Mehl in eine Schüssel geben. In einer zweiten Schüssel Eiweiß mit dem Öl verrühren und in die dritte Schüssel die Semmelbrösel geben. Das Frittierfett auf 175° erhitzen. Die Kartoffelstücke erst in Mehl, dann im Eiweiß und zuletzt in den Bröseln wenden, bis sie rundum paniert sind.

4 Im heißen Frittierfett die Kroketten in 4 – 5 Min. goldbraun ausbacken, herausheben und auf Küchenpapier abtropfen lassen.

PERFEKT ZUM SONNTAGSBRATEN

Gekochte Kartoffelknödel

2 Scheiben Toastbrot
2 EL Butter
1 kg gut ausgedampfte Pellkartoffeln (vom Vortag, mehligkochende Sorte nehmen!)
150 g Mehl
150 g Hartweizengrieß
4 Eier (M)
Salz
Pfeffer
frisch geriebene Muskatnuss
¾ TL getrockneter Majoran
Außerdem:
Mehl und Speisestärke zum Arbeiten
Kartoffelpresse

Für 8 Stück
Zubereitung: 50 Min. | Garen: 25 Min.
Pro Portion ca. 265 kcal, 10 g E, 6 g F, 44 g KH

1 Toastbrot in ca. 1 cm große Würfel schneiden. Butter in einer beschichteten Pfanne schmelzen. Darin Brotwürfel unter Rühren knusprig braun braten, zum Entfetten auf Küchenpapier geben.

2 Kartoffeln pellen und durch eine Kartoffelpresse auf eine leicht bemehlte Arbeitsplatte drücken. Mehl und Grieß darüberstreuen, die Eier dazugeben, mit Salz, Pfeffer, Muskat und Majoran würzen. Alles zwischen den Handflächen locker zerreiben, dann mit wenig Druck zusammenkneten.

3 Den Knödelteig in acht Portionen teilen. Jedes Teigstück mit bemehlten Händen leicht platt drücken, in die Mitte ein paar Brotwürfel geben, Teig darüber schließen und zu einem runden Knödel formen. Hände mit Stärke bestäuben und die Knödel nochmals rollen, so glänzen sie später schön.

4 Reichlich Wasser in einem großen Topf zum Kochen bringen, salzen. Hitze reduzieren und die Knödel ins leicht siedende Wasser gleiten lassen. Bei kleiner Hitze offen garen, bis sie an die Oberfläche steigen, dann in weiteren 20 – 25 Min. fertig garen. Die Knödel mit einem Schaumlöffel aus dem Wasser heben, abtropfen lassen und servieren.

LECKERE KNÖDEL-VARIANTE

Kartoffel-Majoran-Knödel mit Champignons

Ob als Hauptgericht oder als Beilage zu deftigen Fleischgerichten, diese Variante des Kartoffelknödels bringt Abwechslung auf den Teller.

1 kg mehligkochende Kartoffeln
Salz
150 g Mehl
1 Bund frischer Majoran
40 g Weizenstärke
2 Eigelbe
1 Ei
Pfeffer
frisch geriebene Muskatnuss
500 g Champignons (oder Pilze der Saison)
1 Zwiebel
1 Bund Kerbel
2 EL Sauerrahmbutter
Außerdem:
Mehl zum Bestäuben

Für 4 Personen
Zubereitung: 1 Std.
Pro Portion ca. 430 kcal, 15 g E, 10 g F, 71 g KH

1 Die Kartoffeln waschen, schälen und vierteln. In einen großen Topf mit kaltem Salzwasser geben, aufkochen und ca. 20 Min. garen, bis sie außen weich sind. Dann abgießen und im Topf ausdampfen lassen. Das Mehl sieben. Den Majoran waschen, trocken schütteln und abzupfen.

2 Die Kartoffeln stampfen oder durch eine Kartoffelpresse drücken. Die Arbeitsfläche mit Mehl bestreuen und die Masse darauf verstreichen. 150 g Mehl und Weizenstärke darüber verteilen. Eigelbe und Ei daraufgeben, die Majoranblättchen darüberstreuen und alles mit Salz, Pfeffer und Muskat würzen. Hände mit etwas Mehl bestäuben und die Zutaten zu einem glatten Teig verkneten. Eine Teigkugel formen, mit Mehl bestreuen und ca. 15 Min. ruhen lassen.

3 Reichlich Salzwasser in einem flachen Topf zum Kochen bringen. Die Champignons putzen, entstielen und feinblättrig schneiden. Die Zwiebel schälen und fein würfeln. Den Kerbel waschen, trocken schütteln und fein schneiden. Mit bemehlten Händen aus dem Teig Knödel (Ø ca. 6 cm) formen und in das köchelnde Salzwasser einlegen. Bei starker Hitze aufkochen, sodass die Knödel an die Oberfläche steigen. Dann ca. 15 Min. bei geringer Hitze ziehen lassen.

4 Die Butter in einer Pfanne schmelzen und die Zwiebel darin glasig dünsten. Die Pilze dazugeben, salzen und pfeffern und bei mittlerer Hitze in 3–4 Min. dünsten. Zum Schluss mit dem fein geschnittenen Kerbel bestreuen. Die Knödel mit einem Schaumlöffel aus dem Topf heben, auf Tellern anrichten und mit den Pilzen servieren.

TIPP

Die Kartoffel-Majoran-Knödel passen ausgezeichnet zu Wild-, aber auch Schmorgerichten vom Rind, da sie kräftige Saucen vertragen.

KÖSTLICHES WINTERGEMÜSE

Rotkraut mit karamellisierten Maronen

1 Rotkohl (ca. 1 kg)
1 große Zwiebel
1 großer Apfel (z. B. Boskop)
2 EL Gänseschmalz (ersatzweise Butterschmalz)
4 – 5 EL Rotweinessig
100 ml Rotwein
Salz
Pfeffer
200 g gegarte Maronen (Esskastanien, vakuumverpackt)
2 EL feinster Zucker
½ EL Butter

Für 4 Personen
Zubereitung: 30 Min. | Garen: 50 Min.
Pro Portion ca. 235 kcal, 4 g E, 8 g F, 36 g KH

1 Den Rotkohlkopf längs vierteln, äußere welke Blätter entfernen und den Strunk großzügig herausschneiden. Die Viertel waschen und quer in 4 – 5 mm dicke Streifen schneiden. Die Zwiebel schälen und fein würfeln. Apfel schälen, vierteln, entkernen und in kleine Stücke schneiden.

2 Schmalz in einem Topf schmelzen. Darin die Zwiebel bei mittlerer Hitze langsam glasig dünsten. Kohl und Apfel dazugeben, kurz mitdünsten, dann mit 3 – 4 EL Essig und dem Wein ablöschen, salzen, pfeffern und zugedeckt 40 – 50 Min. garen, eventuell wenig Wasser dazugeben. Zum Schluss das Rotkraut mit übrigem Essig, Salz und Pfeffer abschmecken.

3 Kurz vor Ende der Garzeit die Maronen aus der Packung nehmen und auseinanderlösen (sie kleben meist aneinander). Zucker in eine kleine beschichtete Pfanne streuen, bei mittlerer Hitze goldbraun karamellisieren lassen. Die Pfanne vom Herd nehmen, die Butter dazugeben und kurz aufschäumen lassen. Maronen dazugeben und unter vorsichtigem Rühren bei kleiner Hitze so lange heiß werden lassen, bis sich der Karamell vollständig gelöst hat. Maronen dann samt Karamell unters Rotkraut heben, servieren.

FEINE BEILAGE

Herzoginkartoffeln aus dem Ofen

1 kg mehligkochende Kartoffeln
Salz
75 g weiche Butter
3 Eigelb (M)
2 Eier (M)
2 EL Mehl
30 g frisch geriebener Allgäuer Emmentaler oder milder Bergkäse
Pfeffer
frisch geriebene Muskatnuss
2 EL Milch
Außerdem:
Kartoffelpresse
Butter für das Blech
Spritzbeutel mit großer Sterntülle

Für 6 Personen
Zubereitung: 1 Std. | Backen: 20 Min.
Pro Portion ca. 280 kcal, 9 g E, 17 g F, 23 g KH

1 Kartoffeln schälen, waschen, halbieren oder vierteln und in ausreichend Salzwasser in 20 – 25 Min. gar kochen. Abgießen und auf der ausgeschalteten Herdplatte gut ausdampfen lassen, dann vom Herd nehmen. Kartoffeln durch eine Kartoffelpresse drücken und lauwarm abkühlen lassen.

2 Zwischenzeitlich Backofen auf 180° (Umluft 160°) vorheizen, ein Backblech dick mit Butter einfetten. Butter in Flöckchen in eine Schüssel geben und mit den Quirlen des Handrührgeräts cremig rühren. 2 Eigelbe und die Eier nacheinander jeweils gründlich unterrühren, dann Mehl und zuletzt den Käse unterrühren. Kartoffeln mit einem Löffel gründlich untermengen. Die Masse mit Salz, Pfeffer und Muskat abschmecken.

3 Die Kartoffelmasse in den Spritzbeutel füllen und mit etwas Abstand zueinander als große Tupfen (5 – 6 cm Ø) auf das Blech spritzen. Restliches Eigelb mit der Milch verquirlen und die Häufchen damit bestreichen. Im Ofen (Mitte) 15 – 20 Min. backen, bis sie schön bräunen. Kartoffeln mit einer Palette vorsichtig vom Blech lösen und servieren.

Kartoffelpüree mit Röstzwiebeln

Cremiges Kartoffelpüree ist ein Beilagenklassiker und mit Röstzwiebeln besonders aromatisch. Es passt hervorragend zu Fleischgerichten.

700 g mehligkochende Kartoffeln
½ TL Salz
2 Zwiebeln
50 g Butter
150 – 200 ml Vollmilch
frisch geriebene Muskatnuss
Außerdem:
Kartoffelpresse

Für 4 Personen
Zubereitung: 30 Min.
Pro Portion ca. 225 kcal, 5 g E, 12 g F, 24 g KH

1 Die Kartoffeln schälen und halbieren. Kartoffelstücke mit dem Salz in einen Topf geben und knapp mit Wasser bedecken. Aufkochen und zugedeckt bei mittlerer Hitze in 12 – 15 Min. bissfest garen.

2 Inzwischen die Zwiebeln schälen, vierteln und quer in Streifen schneiden. Die Butter erhitzen und die Zwiebeln darin in ca. 5 Min. langsam goldbraun anbraten lassen.

3 Das Kochwasser aus dem Topf abgießen, Kartoffeln im Topf auf der ausgeschalteten Herdplatte ca. 1 Min. ausdämpfen lassen. Inzwischen die Milch erhitzen, aber nicht kochen lassen. Kartoffeln durch die Presse drücken. 100 ml Milch zugießen, das Püree mit dem Kochlöffel glatt rühren. Nach und nach die übrige Milch einrühren, bis ein lockeres Püree entstanden ist. Dabei nicht kräftig schlagen oder den Pürierstab nehmen, sonst wird das Püree zäh.

4 Die heiße Butter durch ein Sieb auf das Püree gießen, unterrühren. Mit Salz und Muskat würzen, Zwiebeln darauf verteilen und servieren. Das Püree passt zu Bratwürstchen, Braten sowie Koteletts, Rouladen oder gebratenem Fisch.

VARIANTEN PELLKARTOFFEL- UND OFENPÜREE

Für die Pellkartoffel-Variante gewaschene Kartoffeln in 15 – 20 Min. bissfest garen, sofort pellen und pressen. Noch mehr Aroma ergibt die Ofenkartoffel-Variante: ca. 150 g runde große Knollen mit Alufolie umwickeln und mit der Gabel einstechen. Auf einem Rost bei 180 C (Mitte) 50 – 60 Min. garen.

MIT FREUNDEN GENIESSEN

Klassisches Käsefondue

Diese Schweizer Spezialität wird besonders in den Wintermonaten in geselliger Runde genossen. Als Beilage kann man eingelegtes Gemüse servieren.

600 g Käse (z. B. 300 g Schweizer Emmentaler und 300 g Greyerzer oder jeweils 200 g Emmentaler, Greyerzer und Vacherin)
1 Knoblauchzehe
300 ml trockener Weißwein (z. B. Fendant)
1 gehäufter EL Speisestärke
5 – 6 EL Kirschwasser
Salz
Pfeffer
frisch geriebene Muskatnuss
1 – 2 Spritzer frisch gepresster Zitronensaft
1 Weißbrot (ca. 500 g)
Außerdem:
Fonduetopf (Caquelon) mit Rechaud
Fonduegabeln

Für 4 Personen
Zubereitung: 30 Min
Pro Portion ca. 1015 kcal, 54 g E, 49 g F, 64 g KH

1 Käse entrinden und auf einer Käsereibe fein reiben. Knoblauchzehe halbieren und den Fonduetopf (Caquelon) damit ausreiben. Weißwein hineingießen und auf dem Herd bei mittlerer Hitze heiß werden lassen. Den Käse dazugeben und bei kleiner bis mittlerer Hitze langsam schmelzen lassen, dabei ständig rühren, damit sich Käse und Wein schön verbinden.

2 Die Käsesauce leicht zum Köcheln bringen. Stärke mit dem Kirschwasser verrühren und gründlich unter die Sauce mischen. Mit Salz, Pfeffer, Muskat und Zitronensaft abschmecken. Käse bei mittlerer Hitze ca. 5 Min. köcheln lassen, dabei stets gut umrühren, damit nichts anbrennt.

3 Das Brot in 3 – 4 cm große Würfel schneiden. Den Rechaud entzünden und den Fonduetopf daraufstellen. Jetzt kann sich jeder einen Brotwürfel auf eine Fonduegabel stecken und in den Käse tauchen. Wichtig: Immer wieder mit dem Brot über den Topfboden streichen, da der Käse dort gerne ansetzt.

GANZ OHNE TOPF – HANDLICHES HÜTTENFONDUE

Wer keinen Fonduetopf besitzt, freut sich sicher über dieses Blitzfondue aus dem Backofen. Dazu braucht es 1 – 2 Vacherin-Mont-d'or-Käse (je ca. 400 g, 400 g reichen für 2 Personen) – einen Weichkäse aus der französischen Schweiz, der in Holzspanschachteln verpackt angeboten wird. Einfach etwas Alufolie um die Holzschachtel(n) wickeln (leicht überstehend). Nach Wunsch den Käse mehrmals mit einem Messer einstechen und mit je 50 ml Weißwein beträufeln. Den Käse ca. 25 Min. im 200° heißen Backofen (Umluft 180°) backen. Dann aus dem Ofen holen und samt Schachtel(n) auf den Tisch stellen. Den Käse heiß herauslöffeln und wie Raclette oder Fondue zu Pellkartoffeln oder Brot genießen.

KRÄUTER SATT

Eier mit Grüner Sauce und Kartoffeln

1 kg kleine junge Bio-Kartoffeln
Salz
8 Eier (M)
1 Bund Kräuter für Grüne Sauce
1 Kästchen Kresse
2 Frühlingszwiebeln
250 g Schmand
150 g Sahnejoghurt (10 % Fett)
1 TL Dijon-Senf
1 – 2 EL frisch gepresster Zitronensaft
Pfeffer

Für 4 Personen
Zubereitung: 25 Min.
Pro Portion ca. 435 kcal, 15 g E, 26 g F, 35 g KH

1 Die Kartoffeln gründlich waschen, dabei die Schale möglichst nicht aufkratzen. Anschließend in Salzwasser zugedeckt bei mittlerer Hitze in 15 – 20 Min. weich kochen. Inzwischen die Eier in ca. 10 Min. hart kochen, abgießen, kalt abschrecken und eventuell in einem Geschirrtuch eingeschlagen warm halten. Die Kräuter waschen und trocken schütteln, die Blätter abzupfen und sehr fein hacken. Die Kresse mit einer Schere vom Beet schneiden.

2 Die Frühlingszwiebeln putzen, waschen und mit dem Grün in feine Ringe schneiden. Schmand und Joghurt mit Senf und etwas Zitronensaft verrühren, Kräuter, Kresse und Zwiebelringe unterrühren. Die Grüne Sauce mit Salz, Pfeffer und übrigem Zitronensaft würzen. Die Kartoffeln abgießen und kurz ausdampfen lassen. Die Eier pellen, längs halbieren und mit der Sauce und den Kartoffeln servieren.

TIPP KRÄUTER FÜR GRÜNE SAUCE

Die klassischen Sieben für Grüne Sauce sind Schnittlauch, Petersilie, Kerbel, Sauerampfer, Borretsch, Kresse und Pimpinelle. Wer nicht alles im Kräuterbeet hat oder auf dem Markt findet, kann das eine oder andere Kraut weglassen (aber möglichst immer Schnittlauch, Petersilie, Kresse und Kerbel verwenden) und durch Zitronenmelisse, Dill, Basilikum, wenig Liebstöckel oder Estragon ersetzen.

SIMPEL & LECKER

Winterliches Ofengemüse

500 g Kürbis (z. B. Moschuskürbis, geputzt ca. 400 g)
3 Rote Beten (je ca. 150 g)
je 250 g Pastinaken, Petersilienwurzeln und Möhren
2 Stangen Lauch
2 Gemüsezwiebeln
2 – 3 Knoblauchzehen
8 Zweige Thymian
2 Zweige Rosmarin
1 getrocknete Chilischote
1 EL Korianderkörner
6 EL Olivenöl
Salz | Pfeffer
100 ml Weißwein (ersatzweise Orangensaft)
100 – 150 ml Gemüsebrühe

Für 4 Personen
Zubereitung: 25 Min. | Garen. 1 Std. 5 Min.
Pro Portion ca. 355 kcal, 8 g E, 19 g F, 33 g KH

1 Backofen auf 200° vorheizen. Vom Kürbis Inneres samt Kernen und Schale wegschneiden. Rote Beten, Pastinaken, Petersilienwurzeln und Möhren schälen (bei den Roten Beten am besten Einweghandschuhe tragen). Kürbis in Stücke schneiden, Rote Beten achteln. Pastinaken, Petersilienwurzeln und Möhren längs halbieren und in 4 – 5 cm lange Stücke schneiden. Lauch längs einschneiden, waschen, putzen und in dicke Ringe schneiden.

2 Zwiebeln schälen, halbieren und in breite Spalten schneiden. Knoblauch schälen und in feine Scheiben schneiden. Kräuterzweige abbrausen, trocken schütteln und in Stücke schneiden. Chilischote und Koriander in einem Mörser zerstoßen.

3 Gemüse und Zwiebeln auf ein tiefes Backblech geben und mit Öl, Knoblauch, Kräutern, Chili und Koriander mischen, kräftig mit Salz und Pfeffer würzen. Im Ofen (Mitte, Umluft 180°) 10 – 15 Min. garen. Dann Wein und 100 ml Brühe angießen, alles durchrühren und mit Backpapier abdecken, weitere ca. 30 Min. garen. Papier abnehmen, durchrühren und offen in weiteren 10 – 20 Min. bräunen lassen, dabei eventuell Brühe angießen. Ofengemüse schmeckt mit Brot und Schafskäse oder als Beilage zu Polenta oder Speck-Raclette-Kartoffeln.

MAL WAS ANDERES

Neue-Löwenzahn-Bratkartoffeln

Löwenzahn ist ein Geschenk des Gartens: Die ganz kleinen Blättchen können Sie überall pflücken. Oder Sie kaufen den Löwenzahn einfach auf dem Markt.

1 große Handvoll Löwenzahnblättchen
½ Bund Schnittlauch
1 kg neue Kartoffeln
3 EL Rapsöl
Salz
Pfeffer
1 – 2 Prisen gemahlener Kreuzkümmel oder Garam Masala (nach Belieben)
1 EL Butter
4 Eier (M)
1 TL frisch gepresster Zitronensaft

Für 4 Personen
Zubereitung: 25 Min.
Pro Portion ca. 305 kcal, 11 g E, 16 g F, 30 g KH

1 Den Löwenzahn verlesen und gründlich waschen, trocken schleudern. Größere Blätter in mundgerechte Stücke teilen. Schnittlauch abbrausen, trocken schütteln und in Röllchen schneiden. Die Kartoffeln so gründlich waschen, dass später die Schalen mitgegessen werden können. Kartoffeln in etwa 2 cm große Würfel schneiden.

2 In einer beschichteten Pfanne 2 EL Rapsöl erhitzen. Darin die Kartoffeln bei mittlerer Hitze ca. 15 Min. braten. Dabei einen Deckel so auf die Pfanne legen, dass er nicht ganz schließt, und die Kartoffeln zwar im eigenen Dampf gleichmäßig garen, aber trotzdem mehr braten als dünsten. Mit Salz und Pfeffer würzen – wer möchte, gibt auch den Kreuzkümmel oder das Garam Masala dazu. Kartoffeln immer wieder durchschwenken.

3 Die fertigen Bratkartoffeln auf zwei Pfannen (auch nett: vier kleine Portionspfannen nehmen) verteilen und flach darin ausbreiten. Jeweils ½ EL Butter in Flöckchen dazugeben und 2 Eier über die Kartoffeln schlagen, 3 – 4 Min. braten. Inzwischen Löwenzahn mit dem übrigen Öl, dem Zitronensaft und etwas Salz und Pfeffer anmachen.

4 Jeweils ein Spiegelei samt Bratkartoffeln auf einen Teller gleiten lassen, den Löwenzahn auf den Spiegeleiern verteilen. Mit Schnittlauch bestreuen und sofort servieren.

INFO

Löwenzahn kann nicht nur als leckerer Salat serviert werden, sondern gilt auch als Heilpflanze mit vielen Wirkstoffen. So hilft Löwenzahn bei Appetitmangel, bei Verdauungsbeschwerden, rheumatischen Erkrankungen und Ekzemen.

KUCHEN & DESSERTS

Was wäre die Heimatküche ohne feine Desserts und himmlische Kuchen! Vom klassischen Gugelhupf bis zum edlen Parfait gibt es viel zu entdecken.

FRUCHTIG-FRISCH

Topfenknödel mit Rhabarberkompott

Topfen ist die bayerische Bezeichnung für Quark und macht den süßen Knödel besonders luftig. Rhabarberkompott rundet das Gericht durch seine Säure ab.

Für die Knödel:
500 g Magerquark (Topfen)
4 Scheiben Weißbrot (vom Vortag, ca. 400 g)
50 g weiche Butter
60 g Zucker
1 Pck. Vanillezucker
1 Ei (M)
2 Eigelb (M)
1 TL abgeriebene Bio-Zitronenschale
Salz
Für das Kompott:
500 g Rhabarber
1 Vanilleschote
100 g Zucker
Für die Brösel:
2 EL Semmelbrösel
50 g gemahlene Haselnüsse
2 EL Puderzucker

Für 4 Personen
Zubereitung: 55 Min.
Pro Portion ca. 830 kcal, 29 g E, 34 g F, 101 g KH

1 Für die Knödel den Quark in ein sauberes Geschirrtuch geben und fest ausdrücken. Das Brot entrinden und im Blitzhacker fein zerbröseln. Die Butter mit 40 g Zucker, Vanillezucker, Ei, Eigelben und Zitronenschale cremig verrühren. Die Brotbrösel und den ausgedrückten Quark unterrühren. Die Topfenmasse zugedeckt im Kühlschrank ca. 30 Min. ruhen lassen.

2 Inzwischen für das Kompott den Rhabarber waschen, falls nötig, schälen und die Enden abschneiden. Die Stangen in dünne Scheiben schneiden. Die Vanilleschote längs aufschneiden und das Mark herauskratzen. 150 ml Wasser mit dem Zucker sowie Vanillemark und -schote unter Rühren aufkochen und ca. 2 Min. köcheln lassen. Den Rhabarber dazugeben und bei schwacher Hitze 5 – 7 Min. ziehen lassen. Das Kompott etwas abkühlen lassen.

3 In einem großen Topf reichlich Wasser mit ½ TL Salz und 2 EL Zucker zum Kochen bringen. Aus der Topfenmasse mit zwei Esslöffeln 8 Nocken abstechen und zu Knödeln formen. Die Knödel im leicht siedenden Wasser in 8 – 10 Min. gar ziehen lassen. Mit dem Schaumlöffel herausheben und abtropfen lassen.

4 Für die Brösel die Semmelbrösel mit den Haselnüssen und dem Puderzucker mischen und in einer Pfanne ohne Fett goldbraun rösten. Die Topfenknödel mit den Nussbröseln bestreuen und mit dem Rhabarberkompott in tiefen Tellern anrichten.

VARIANTE ERDBEER-RHABARBER-KOMPOTT

Dafür 250 g Erdbeeren waschen, putzen, trocken tupfen und vierteln. Die Erdbeeren mit 1 EL Puderzucker und 2 TL frisch gepresstem Zitronensaft mischen und zugedeckt ca. 15 Min. durchziehen lassen. Danach unter das heiße Rhabarberkompott mischen.

FÜR DIE KAFFEETAFEL

Erdbeer-Käsekuchen

2 Eier
125 g Zucker
100 ml Öl
100 ml Orangensaft
2 EL Kakaopulver
150 g Mehl
½ Pck. Backpulver

Für die Quarkmasse:

3 Eier
100 g Zucker
1 Pck. Vanillezucker
500 g Quark
frisch gepresster Saft von ½ Zitrone
100 g Sahne
1 ½ EL Grieß

Für den Belag:

1 kg Erdbeeren
frisch gepresster Saft von ½ Zitrone
1 Pck. Tortenguss klar
2 EL Zucker

Außerdem:

Fett für die Form

Für 1 Springform von 28 cm Ø (16 Stücke)
Zubereitung: 50 Min. | Backen: 50 Min.
Pro Stück ca. 245 kcal, 8 g E, 11 g F, 29 g KH

1 Den Ofen auf 200° vorheizen und die Form fetten. Für den Teig die Eier mit dem Zucker dickcremig schlagen. Öl und Orangensaft dazugeben. Kakao mit Mehl und Backpulver rasch unterrühren. Den Teig in die vorbereitete Form füllen und im Ofen (unten, Umluft 180°) ca. 20 Min. vorbacken.

2 Für die Quarkmasse Eier mit Zucker und Vanillezucker cremig schlagen. Quark unterrühren. Zitronensaft, Sahne und Grieß untermischen und die Masse vorsichtig von außen nach innen auf den vorgebackenen Boden geben. Kuchen in ca. 25 Min. fertig backen. Kuchen auskühlen lassen.

3 Erdbeeren waschen, putzen, abtropfen lassen und auf den Kuchen verteilen. Zitronensaft mit Wasser auf 250 ml auffüllen. Guss mit Zitronenwasser, Tortenguss und Zucker anrühren und über die Erdbeeren geben. Kuchen kühl aufbewahren.

WEIH-
NACHTLICHES
DESSERT

Parfait von gebrannten Mandeln

130 g Zucker
100 g Mandeln
200 ml Milch
Mark von 1 Vanilleschote
2 Eigelb (M, ohne Spuren von Eiweiß)
150 g Sahne
3 Msp. Zimtpulver
1 EL Amaretto (ital. Mandellikör, nach Belieben)

Für 6 Personen
Zubereitung: 40 Min. | Kühlen: 5 Std.
Pro Portion ca. 715 kcal, 25 g E, 57 g F, 27 g KH

1 In einem Topf 70 g Zucker mit 4 EL Wasser kurz verrühren. Die Mandeln darin bei starker Hitze ca. 5 Min. unter Rühren rösten, bis das Wasser verkocht ist. Unter sorgfältigem Rühren weiterrösten, bis der Zucker braun karamellisiert ist und sich glänzend um die Mandeln gelegt hat. Die Mandeln auf einem mit Backpapier belegten Blech verteilen und abkühlen lassen, dann grob hacken.

2 Inzwischen Milch und Vanillemark aufkochen und warm halten. Eigelbe und restlichen Zucker mit dem Schneebesen weiß-cremig rühren. Die warme Milch schöpflöffelweise unterrühren. Die Eiermilch in einem Topf unter Rühren langsam erhitzen (nicht kochen lassen, sonst stockt das Eigelb!), bis sie cremig wird. In eine Schüssel gießen und mit den Schneebesen des Handrührgeräts auf mittlerer Stufe ca. 15 Min. luftig aufschlagen und dabei kühl rühren. Die Creme zugedeckt ca. 1 Std. kühl stellen.

3 Die Sahne mit dem Zimt steif schlagen und – nach Belieben mit dem Likör – unter die Creme ziehen. Die Mandeln daraufstreuen und leicht in die Creme drücken. Die Creme in einer Gefrierdose (ca. 750 ml Inhalt) im Tiefkühlfach mindestens 4 Std. durchfrieren lassen. Zum Servieren die Form kurz in heißes Wasser tauchen, das Parfait auf eine Platte stürzen und in Scheiben schneiden.

KÖSTLICHER SOMMERKUCHEN

Mirabellenkuchen mit Vanilleguss

Der Blechkuchen aus Hefeteig schmeckt himmlisch und macht auf der Kaffeetafel einiges her. Wer keine Mirabellen hat, verwendet Aprikosen.

Für den Teig:
1 Würfel frische Hefe (ca. 40 g)
80 g Zucker
250 ml lauwarme Milch
500 g Mehl
1 Prise Salz
80 g Butter
1 Ei (M)
1 Eigelb (M)
Butter für das Blech
Mehl zum Arbeiten

Für den Belag:
1 Vanilleschote
500 ml Milch
80 g Zucker
1 Pck. Vanillepuddingpulver (zum Kochen)
1,2 kg Mirabellen
1 Ei (M)
1 EL Speisestärke
1 Eiweiß (M)
1 Prise Salz
100 g Sahne

Für 1 Backblech (20 Stücke):
Zubereitung: 50 Min. | Ruhen: 1 Std. 25 Min. |
Backen: 35 – 40 Min.
Pro Stück ca. 245 kcal, 6 g E, 8 g F, 38 g KH

1 Für den Teig die Hefe zerbröckeln und in ein Schüsselchen geben. 1 EL Zucker darüberstreuen und ca. 50 ml Milch darübergießen. Den Ansatz zugedeckt ca. 15 Min. an einem warmen Ort ruhen und gehen lassen.

2 Das Mehl mit dem Salz mischen, Butter in einem Pfännchen schmelzen. Übrigen Zucker, Ei und Eigelb zum Mehl geben, die warme Butter mit der übrigen Milch mischen und ebenfalls dazugeben. Dann zügig den Hefeansatz dazugießen und alles mit einem Löffel verrühren. Den Teig mit den Händen ca. 8 Min. kräftig durchkneten, dabei eventuell noch etwas Mehl zugeben – der Teig sollte sich samtig-elastisch anfühlen und nicht kleben. Teig zu einer Kugel formen, in eine bemehlte Schüssel legen, mit einem Tuch abdecken und an einem warmen Ort ca. 1 Std. gehen lassen, bis der Teig sich verdoppelt hat.

3 Zwischendurch für den Belag die Vanilleschote längs aufschlitzen und das Mark herauskratzen. 6 EL Milch mit 3 EL Zucker und Puddingpulver klümpchenfrei verrühren. Übrige Milch mit dem Vanillemark aufkochen, vom Herd nehmen, angerührtes Puddingpulver einrühren, dann alles nochmals ca. 1 Min. unter Rühren kochen lassen. Vom Herd nehmen und den Pudding abkühlen lassen, dabei immer wieder mal umrühren, damit sich keine Haut bildet.

4 Den Backofen auf 180° vorheizen, ein Backblech mit Butter einfetten. Die Mirabellen waschen, halbieren und die Steine entfernen. Den Teig nochmals durchkneten, auf einer leicht bemehlen Arbeitsfläche auf Blechgröße ausrollen und auf das Blech geben, dabei einen Rand formen. Den Teig weitere 10 Min. gehen lassen.

5 Das Ei trennen, Eigelb und Stärke gründlich unter den Pudding rühren. Beide Eiweiße mit dem Salz steif schlagen, Sahne ebenfalls steif schlagen, beides unter die Puddingmasse heben. Die Masse auf den Teig streichen, die Mirabellen darauf verteilen und den Kuchen im Ofen (Mitte, Umluft 160°) in 35 – 40 Min. goldbraun backen.

Zwetschgenknödel

Ein luftig-lockerer Kartoffelteig, süßlich-saure Zwetschgen und gebutterte Semmelbrösel. Damit erobert man jeden Kartoffelzweifler.

1 kg mehligkochende Kartoffeln
Salz
80 g Mehl
80 g Speisestärke
80 g Hartweizengrieß
1 Ei (L)
8 Zwetschgen
8 Stück Würfelzucker
150 g Butter
100 g Semmelbrösel
Puderzucker

Für 8 Knödel
Zubereitung: 1 Std. 30 Min. | Kühlen: 12 Std.
Pro Stück ca. 390 kcal, 7 g E, 17 g F, 43 g KH

1 Kartoffeln am Vortag in Salzwasser bei mittlerer Hitze zugedeckt in 20 – 25 Min. bissfest garen, abgießen und kurz mit Wasser abschrecken, pellen und am besten über Nacht vollständig auskühlen lassen.

2 Am nächsten Tag die Kartoffeln grob reiben und mit Mehl, Stärke und Grieß locker mischen. Das Ei nur kurz und leicht unterkneten, damit die Masse locker bleibt und die Knödel später nicht zu fest werden.

3 Die Zwetschgen waschen, von der Seite her aufschneiden und entsteinen. Je 1 Stück Würfelzucker in 1 Zwetschge geben.

4 Den Knödelteig auf einer bemehlten Arbeitsfläche zu einer 5 cm dicken Rolle formen und in 8 gleich dicke Scheiben schneiden. Eine Teigscheibe etwas flach drücken, 1 Zwetschge darauflegen und die Knödelmasse darum herum mit angefeuchteten Händen zu einem Knödel formen. Mit dem restlichen Teig und den restlichen Zwetschgen ebenso verfahren.

5 Reichlich Salzwasser in einem großen Topf zum Kochen bringen und die Knödel hineingeben. Die Hitze reduzieren und die Knödel in leicht siedendem Wasser in ca. 20 Min. offen gar ziehen lassen. In der Zeit die Butter zerlassen und die Brösel hineinstreuen.

6 Die Knödel mit einer Schaumkelle aus dem Wasser heben und gut abtropfen lassen. Knödel auf Teller verteilen, mit der Bröselbutter bestreuen und nach Wunsch mit Puderzucker bestäubt servieren.

VARIANTE MARILLENKNÖDEL

Für Marillenknödel werden reife Aprikosen (auf Österreichisch »Marillen«) verwendet. Die Aprikosen entsteinen und mit 1 Stück Würfelzucker füllen. Wer möchte, tunkt den Würfelzucker vorher noch in Barackpálinka, einen ungarischen Marillenbrand.

UNWIDER-
STEHLICH
CREMIG

Einfacher Käsekuchen

150 g Pumpernickel (oder Roggenvollkornbrot)
50 g Haselnusskerne
30 g Butter
25 g Zartbitterschokolade
2 EL Honig
500 g Rhabarber
4 Eier (M)
3 Pck. Vanillezucker
120 g Zucker
10 g Johannisbrotkernmehl (aus dem Reformhaus)
1 kg Sahnequark
Außerdem:
Butter für die Form

Für 1 Springform von ca. 26 cm Ø (8 – 12 Stücke)
Zubereitung: 50 Min. | Backen: 1 Std.
Pro Stück ca. 310 kcal, 13 g E, 18 g F, 24 g KH

1 Die Form einfetten. Pumpernickel fein zerbröseln. Haselnusskerne fein hacken und in einer Pfanne rösten, bis sie duften. Die Brösel kurz mitrösten und an den Pfannenrand schieben. Butter, Schokolade und Honig in die Pfannenmitte geben und schmelzen lassen, dann alles vermischen. Die Masse in die Form drücken.

2 Rhabarber waschen, putzen, eventuell entfädeln und in ca. 5 cm lange Stücke schneiden. Rhabarberstücke auf dem Pumpernickelboden verteilen.

3 Eier, Vanillezucker, Zucker und Johannisbrotkernmehl cremig schlagen. Quark unterrühren und die Masse auf dem Rhabarber verteilen, die Form fest auf eine Arbeitsfläche stoßen, damit sich keine Luftblasen bilden.

4 Den Kuchen im Backofen (Mitte) bei 170° (Umluft, ohne Vorheizen) ca. 45 Min. backen. Eventuell die Oberfläche mit Backpapier abdecken, damit sie nicht zu dunkel wird. Den Ofen ausschalten und den Kuchen darin ca. 15 Min. ruhen lassen. Dann herausnehmen, in der Form abkühlen lassen und aus der Form lösen.

FÜR KLEINE SCHLECKER-MÄULER

Joghurteis mit bunten Beeren

250 g Himbeeren
50 g Heidelbeeren
1 EL Zitronensaft
100 g feiner Zucker
1 EL Vanillezucker
50 g Sahne
350 g Naturjoghurt

Für 8 Personen
Zubereitung: 15 Min. | Gefrieren: 15 Min.
Pro Portion ca. 115 kcal, 2 g E, 4 g F, 18 g KH

1 Die Himbeeren und Heidelbeeren vorsichtig waschen und verlesen. Dann die Beeren mit dem Pürierstab pürieren und durch ein feines Sieb streichen oder durch ein Passiergerät pressen.

2 Etwas Püree mit Zitronensaft, Zucker und Vanillezucker verrühren, bis sich der Zucker vollständig gelöst hat. Dann mit dem übrigen Püree, der Sahne und dem Joghurt gut verrühren oder einmal mit dem Pürierstab kurz durchmixen. Die Masse in einer Eismaschine nach Betriebsanleitung gefrieren lassen.

SCHÖN IN FORM – EIS AM STIEL

Dafür kann man das fertige, weiche Eis aus der Eismaschine in spezielle Eisförmchen füllen (oder in kleine Silikon-Muffin-Förmchen und Holzstiele hineinstecken) und dann im Tiefkühlfach noch richtig durchfrieren lassen.

HAPPY BIRTHDAY!

Marmorkuchen

Wer kennt ihn nicht! Mit dem klassischen Marmorkuchen aus Rührteig kann man nichts falsch machen. Besonders bei Kindern ist er sehr beliebt.

300 g weiche Butter
250 g Zucker
1 Prise Salz
5 Eier (M)
375 g Mehl
3 TL Backpulver
1 TL abgeriebene Schale von 1 Bio-Zitrone
6 EL Milch
2 EL Rum (nach Belieben)
2 gestrichene EL Kakaopulver
1 Pck. Bourbon-Vanillezucker
Außerdem:
Butter für die Form
Puderzucker zum Bestäuben

Für 1 Kranzform (ca. 18 Stücke)
Zubereitung: 30 Min. | Backen: 55 Min.
Pro Stück ca. 285 kcal, 4 g E, 16 g F, 30 g KH

1 Butter mit den Quirlen des Handrührgeräts sehr schaumig rühren. Zucker und Salz einrieseln lassen, ca. 2 Min. schaumig rühren. Nach und nach die Eier einzeln gründlich unterrühren. Mehl und Backpulver mischen und darübersieben. Die Zitronenschale, 3 EL Milch und nach Belieben Rum dazugeben und alles bei kleiner Stufe gut verrühren. Den Backofen auf 180° vorheizen.

2 Eine Kranzform gründlich einfetten. Den Teig halbieren. Kakao und Vanillezucker mit den übrigen 3 EL Milch glatt rühren und unter eine Teighälfte rühren.

3 Zuerst die Hälfte des hellen Teigs in die Form füllen, dann den Kakaoteig und schließlich den restlichen hellen Teig. Mit einer Gabel den Teig kreisförmig unterheben, sodass das typische Marmormuster entsteht.

4 Kuchen im heißen Ofen (unten) 50–55 Min. backen. Stäbchenprobe machen: Sobald an einem Holzstäbchen kein Teig mehr klebt, ist der Kuchen fertig. Kuchen aus dem Ofen nehmen und ca. 10 Min. abkühlen lassen. Aus der Form stürzen und auf einem Kuchengitter vollständig auskühlen lassen. Mit Puderzucker bestäuben.

VARIANTE

Wer es besonders schokoladig mag, überzieht den Marmorkuchen noch mit einer Kuvertüre aus Zartbitterschokolade. Dafür 200 g Zartbitterkuvertüre im Wasserbad schmelzen und Kuchen damit überziehen. Wer will, kann auf die Schokolade noch etwas Zuckerstreusel oder Hagelzucker streuen. Abschließend die Kuvertüre trocknen lassen.

KLASSISCHES GRUNDREZEPT

Hefeteig – einer für alle

500 g Mehl
1 Würfel Hefe (42 g)
225 ml Milch
50 g Zucker
50 g Butter
Salz
2 Eier (M)
Mehl für die Arbeitsfläche

Für 1 Blech (20 Stücke)
Zubereitung: 20 Min. | Ruhen: 55 Min.
Pro Stück ca. 130 kcal, 4 g E, 3 g F, 21 g KH

1 Mehl in eine Schüssel geben. In die Mitte eine Mulde drücken. Hefe zerbröckeln und in ein Schälchen geben. Milch lauwarm erhitzen. Die Hälfte der Milch mit der Hefe und 1 TL Zucker verrühren, bis sich die Hefe aufgelöst hat. Hefemilch in die Mulde gießen und etwas Mehl vom Rand darübergeben. Schüssel mit einem Geschirrtuch abdecken und an einem warmen Ort (z. B. in der Nähe der Heizung) ca. 10 Min. stehen lassen, bis der Vorteig leicht aufgeht und die Oberfläche kleine Risse zeigt.

2 Inzwischen die Butter in der übrigen lauwarmen Milch zerlassen, dazu eventuell nochmals erhitzen und wieder lauwarm abkühlen lassen. Die Butter-Milch-Mischung mit dem restlichen Zucker, 1 Prise Salz und den Eiern zu dem Vorteig geben und alles von Hand oder mit den Knethaken des Handrührgeräts zu einem glatten Teig verkneten. Den Teig kneten, bis er nicht mehr an den Fingern klebt und schön geschmeidig ist – das kann gut 8 – 10 Min. dauern. Den Teig wieder in die Schüssel geben, mit dem Geschirrtuch abdecken und an einem warmen Ort in ca. 45 Min. bis zur doppelten Größe aufgehen lassen. Den Hefeteig auf der leicht bemehlten Arbeitsfläche nochmals kräftig durchkneten und je nach Rezept weiterverarbeiten.

TIPP BACKEN MIT TROCKENHEFE

Ist keine frische Hefe im Haus, kann man auch Trockenhefe nehmen. Dann einfach die für die angegebene Menge Mehl benötigte Hefe (Verhältnis ist auf dem Päckchen angegeben) mit dem Mehl mischen und die lauwarme Milch und die übrigen Zutaten direkt dazugeben und verkneten.

WIE GROSSMUTTER IHN MACHT

Gedeckter Apfel-Blechkuchen

1 × Grundrezept Hefeteig (siehe Seite 120)
1,2 kg säuerliche Äpfel (z. B. Boskop)
2 Bio-Zitronen
100 g Zucker
1 Pck. Vanillezucker
50 g gemahlene Mandeln
1 Ei (M)
150 g Crème fraîche
1 EL flüssige Butter
Außerdem:
1 Eigelb und 3 EL Milch zum Bestreichen
Butter für das Blech
Mehl für die Arbeitsfläche

Für 1 Blech (20 Stücke)
Zubereitung: 45 Min. | Ruhen: 55 Min. | Backen: 35 Min.
Pro Stück ca. 225 kcal, 5 g E, 9 g F, 31 g KH

1 Den Hefeteig nach dem Grundrezept zubereiten und ca. 45 Min. gehen lassen. Die Äpfel waschen, schälen, halbieren, vom Kerngehäuse befreien und in Spalten schneiden. Zitronen heiß waschen und abtrocknen, die Schale von 1 Zitrone abreiben. Zitronen auspressen. Saft mit den Äpfeln mischen. Zitronenschale mit 50 g Zucker und Vanillezucker im Mixer zerkleinern und mit den Mandeln vermischen. Ei mit restlichem Zucker, Crème fraîche und Butter glatt rühren und mit den Äpfeln vermischen.

2 Den Backofen auf 180° vorheizen. Das Backblech einfetten. Den Teig auf wenig Mehl durchkneten und halbieren. Eine Hälfte dünn ausrollen, auf das Blech legen und mit der Hälfte des Zitronenzuckers bestreuen. Äpfel darauf verteilen, mit restlichem Zitronenzucker bestreuen. Den übrigen Hefeteig als Deckel dünn ausrollen, über die Apfelmischung legen. Die Ränder etwas andrücken. Eigelb mit Milch verrühren, die Oberfläche damit bestreichen. Im Ofen (Mitte, Umluft 160°) in 30 – 35 Min. goldbraun backen.

ECHTES WOHLFÜHL-DESSERT

Gefüllte Bratäpfel mit Vanillesauce

Dieses winterlich-weihnachtliche Dessert zaubert einen herrlichen Duft in jede Küche und ist der Himmel für Schleckermäuler.

Für die Äpfel:
1 EL Rosinen
2 EL Rum (nach Belieben)
60 g weiche Butter
4 nicht zu große Äpfel (z. B. Cox Orange oder Boskop)
1 TL frisch gepresster Zitronensaft
4 EL Honig
4 EL gemahlene Haselnüsse
2 – 3 Msp. Zimtpulver
Für die Sauce:
1 Vanilleschote
250 ml Milch
200 g Sahne
1 gestrichener EL Speisestärke
2 Eigelb (M)
60 g Zucker

Für 4 Personen:
Zubereitung: 30 Min. | Garen: 30 Min.
Pro Portion ca. 605 kcal, 6 g E, 37 g F, 55 g KH

1 Für die Äpfel die Rosinen in einer kleinen Schüssel nach Wunsch mit dem Rum übergießen und darin ziehen lassen, bis sie benötigt werden. Den Backofen auf 180° (Umluft 160°) vorheizen.

2 Für die Sauce die Vanilleschote längs aufschlitzen, Mark herauskratzen und samt Schote mit 200 ml Milch und Sahne in einen Topf geben. Unter gelegentlichem Rühren bei kleiner Hitze offen ca. 5 Min. köcheln lassen.

3 Inzwischen Stärke mit übriger Milch, Eigelben und Zucker in einer kleinen Schüssel mit einem Schneebesen gut verrühren. Unter Rühren in den Topf gießen und alles bei mittlerer Hitze aufkochen lassen. Vom Herd nehmen und abkühlen lassen. Die Vanilleschote noch in der Sauce ziehen lassen und erst vor dem Servieren herausnehmen.

4 Eine kleine Auflaufform mit 1 EL Butter einfetten. Die Äpfel waschen und vom Stielansatz her das Kerngehäuse großzügig herausschneiden. Die Äpfel mit den Öffnungen nach oben in die Form setzen und innen an den Schnittstellen mit Zitronensaft einreiben.

5 Übrige Butter (bis auf 1 – 2 TL) mit 3 EL Honig, den Haselnüssen und den Rosinen (samt Rum) mischen, mit Zimt würzen. Diese Masse fest in die Äpfel füllen und obenauf je 1 Flöckchen Butter legen. Die Äpfel im Ofen (Mitte) 25 – 30 Min. garen, dabei nach ca. 20 Min. mit dem übrigen Honig beträufeln und mit ausgetretenem Bratsaft begießen. Die Äpfel heiß auf tiefe Teller verteilen und mit der Vanillesauce umgießen.

IMMER EIN GENUSS

Pfannkuchen mit Süßkirschen

Ein leicht-lockerer Teig und karamellisierte Süßkirschen machen die Pfannkuchen zu einer köstlichen Verführung, die bestimmt jedem schmeckt.

250 g Mehl
1 Pck. Vanillezucker
400 ml Milch
5 Eier (M)
2 EL Butter
750 g kleine, dunkle Süßkirschen
4 EL Zucker
1 Prise Salz
Außerdem:
Öl für die Pfanne
Zucker zum Bestreuen

Für 4 Personen:
Zubereitung: 40 Min. | Quellen: 1 Std.
Pro Portion ca. 615 kcal, 21 g E, 20 g F, 87 g KH

1 Das Mehl mit dem Vanillezucker in einer Schüssel mischen. Die Milch dazugießen und alles mit dem Schneebesen zu einem glatten Teig ohne Klümpchen verrühren. 2 Eier trennen, die Eiweiße zugedeckt im Kühlschrank beiseitestellen. Die Eigelbe und die übrigen Eier gründlich unter den Teig rühren. Die Butter schmelzen lassen und ebenfalls unterrühren. Den Teig zugedeckt ca. 1 Std. quellen lassen.

2 Die Kirschen waschen und entstielen, nach Wunsch mit einem Kirschentkerner entkernen (aber nicht halbieren!) und mit 2 EL Zucker mischen. Die Eiweiße mit dem Salz steif schlagen und locker unter den Teig heben.

3 Eine große beschichtete Pfanne (ca. 26 cm Ø) dünn mit Öl ausstreichen. Ca. 2 Schöpfkellen Teig in die Pfanne geben und bei mittlerer Hitze backen, bis die Ränder fest werden, aber der Pfannkuchen innen noch flüssig ist. Dann ein Drittel der Kirschen auf dem weichen Pfannkuchen verteilen und noch ein wenig Teig darübergeben (nicht viel, die Kirschen sollen nicht bedeckt sein). Mit ca. 1 TL Zucker bestreuen und noch etwas weiterbacken, bis der Pfannkuchen oben fest und unten goldbraun wird.

4 Sobald der Pfannkuchen fest genug ist, mithilfe eines Pfannenwenders auf einen großen, flachen Teller gleiten lassen. Einen zweiten Teller darauflegen, beide Teller festhalten und zusammen wenden. Dann Pfannkuchen vom Teller wieder zurück in die Pfanne gleiten lassen. Jetzt die Seite mit den Kirschen noch so lange backen (ca. 3 Min.), bis der Teig vollständig durchgebacken ist und die Kirschen leicht karamellisieren.

5 Den Pfannkuchen mit der Kirschseite nach oben auf einen großen Teller stürzen, nach Wunsch zuckern, portionieren und möglichst warm servieren. Auf diese Weise nacheinander noch weitere 2 Pfannkuchen backen, dazwischen die Pfanne immer wieder gut mit Küchenpapier säubern.

SAFTIG-
FEIN

Zwetschgenkuchen

½ × Grundrezept Hefeteig (siehe Seite 120)
2 ½ kg Zwetschgen
3 EL Semmelbrösel
3 EL Zucker
1 TL Zimtpulver
Außerdem:
Butter für das Blech
Mehl für die Arbeitsfläche

Für 1 Blech (20 Stück)
Zubereitung: 45 Min. | Ruhen: 55 Min. | Backen: 35 Min.
Pro Stück ca. 130 kcal, 3 g E, 2 g F, 24 g KH

1 Den Hefeteig nach dem Grundrezept zubereiten und ca. 45 Min. gehen lassen. Die Zwetschgen waschen, halbieren und entsteinen. Die Zwetschgenhälften jeweils mit einem kleinen scharfen Messer der Länge nach etwas einschneiden. Die Semmelbrösel mit 2 EL Zucker und dem Zimt mischen und in einer Pfanne leicht anrösten.

2 Den Backofen auf 180° vorheizen. Das Backblech einfetten. Den Teig auf der leicht bemehlten Arbeitsfläche oder auf dem Blech ausrollen. Semmelbrösel daraufgeben. Die Zwetschgen dachziegelartig darauf verteilen.

3 Den Kuchen im heißen Ofen (Mitte, Umluft 160°) 30 – 35 Min. backen. Herausnehmen und mit dem restlichen Zucker bestreuen.

SCHMECKT LAUWARM AM BESTEN

Streuselkuchen

1 × Grundrezept Hefeteig (siehe Seite 120)
200 g Butter
250 g Mehl
Salz
75 g Zucker
1 Pck. Vanillezucker
100 g Sahne
Außerdem:
Butter für das Blech
Mehl für die Arbeitsfläche

Für 1 Blech (20 Stücke)
Zubereitung: 45 Min. | Ruhen: 55 Min. | Backen: 35 Min.
Pro Stück ca. 285 kcal, 6 g E, 14 g F, 35 g KH

1 Den Hefeteig nach dem Grundrezept zubereiten und ca. 45 Min. gehen lassen. Das Backblech einfetten. Den Teig auf wenig Mehl durchkneten, ausrollen und auf das Blech legen. Mit einem Geschirrtuch bedeckt ca. 10 Min. ruhen lassen. Den Backofen auf 180° vorheizen.

2 Für die Streusel die Butter zerlassen und etwas abkühlen lassen. Mehl mit 1 Prise Salz, Zucker und Vanillezucker mischen, die Butter dazugeben und alles rasch mit den Händen oder den Knethaken des Handrührgeräts zu Streuseln verarbeiten. Den Teig mit der Sahne bestreichen und die Streusel darauf verteilen.

3 Den Kuchen im heißen Ofen (Mitte, Umluft 160°) in 30 – 35 Min. goldbraun backen. Herausnehmen und vor dem Anschneiden etwas abkühlen lassen.

PERFEKT FÜR HEISSE SOMMERTAGE

Sommerlicher Obstsalat

Wer Obst mag, wird diesen Obstsalat lieben! Ein süß-säuerliches Dressing und ein wunderbar cremiger Sahnequark runden ihn perfekt ab.

Für den Salat:
½ Cantaloup-, Netz- oder Honigmelone
200 g Erdbeeren
2 Pfirsiche
1 Granatapfel
1 Limette
3 EL frisch gepresster Orangensaft
2 EL Honig
2 EL frisch gehackte Minze oder Zitronenmelisse (nach Belieben)
Für den Sahnequark:
150 g Sahne
1 Vanilleschote
250 g Magerquark
50 g Zucker
3 EL Milch

Für 4 Personen
Zubereitung: 20 Min.
Pro Portion ca. 320 kcal, 11 g E, 13 g F, 38 g KH

1 Melone entkernen, das Fruchtfleisch mit einem Kugelausstecher herauslösen. Erdbeeren waschen, putzen und halbieren. Pfirsiche waschen, halbieren, entsteinen und das Fruchtfleisch in Spalten schneiden. Granatapfel vierteln, die Kerne mit einem Löffel aus der Schale lösen.

2 Den Saft der Limette auspressen und in einer Schüssel mit dem Orangensaft und dem Honig verrühren. Mit dem Obst mischen und alles kurz durchziehen lassen. Nach Belieben die Minze oder Zitronenmelisse unter den Obstsalat rühren.

3 Für den Sahnequark die Sahne in einem Rührbecher mit dem Handrührgerät steif schlagen. Die Vanilleschote mit einem spitzen Messer aufschlitzen und das Mark herauskratzen. (Die Vanilleschote nach Belieben in einem Glas mit Zucker bedecken. So erhält man einen aromatischen Vanillezucker). Das Vanillemark mit Quark, Zucker und Milch glatt rühren. Die Sahne unterheben. Den Quark auf Gläser verteilen und den Salat darauf anrichten.

UND DAZU? TORTELETTS

Obstsalat und Sahnequark sind der perfekte Belag für selbst gebackene Torteletts. Für 8 Torteletts 300 g Mehl mit 1 Msp. Salz und 40 g Zucker in einer Schüssel mischen und auf die Arbeitsfläche häufen. 150 g eiskalte Butterflöckchen daraufgeben. Die Butterflöckchen mit den Händen grob einarbeiten, bis ein bröseliger Teig entstanden ist. 1 Ei und 2 EL Milch dazugeben und alles rasch zu einem geschmeidigen Teig verkneten. In Frischhaltefolie wickeln und ca. 1 Std. in den Kühlschrank legen. Inzwischen 8 Tortelettformen (à 12 cm Ø) einfetten. Dann den Teig in 8 Portionen teilen und auf der bemehlten Arbeitsfläche zu Kreisen ausrollen, die etwas größer als die Formen sind. Die Formen damit auskleiden, dabei einen Rand formen. Den Teig mehrfach mit einer Gabel einstechen. Im vorgeheizten Backofen (Mitte) bei 200° (Umluft 180°) in ca. 15 Min. goldbraun backen. Die Torteletts in den Förmchen auskühlen lassen, dann herauslösen. Mit dem Quark und den Früchten anrichten, nach Belieben etwas durchziehen lassen und servieren.

VORSICHT SUCHT-GEFAHR!

Karamellisierter Ofenmilchreis mit Kompott

Milchreis mal anders: Unter einer knackigen Karamellkruste wartet leckerer Milchreis mit Zimt- und Vanillearomen auf seine begeisterten Fans.

Für den Milchreis:
1,7 l Milch
200 g Sahne
1 Vanilleschote
180 g Zucker
½ TL Zimtpulver
250 g Milchreis
Butter für die Form

Für das Kompott:
3 EL schwarze Teeblätter (ersatzweise 3 EL rote Früchtetee-Mischung)
4 Nelken
1 Zimtstange
1 Stück Bio-Zitronenschale (ca. 5 cm)
3 – 5 EL Zucker
½ Vanilleschote
350 g Backobst (möglichst getrocknete Apfelringe, entsteinte Backpflaumen, Dörraprikosen und Dörrbirnen in jeweils gleicher Menge)
50 g Rosinen
2 – 3 Spritzer frisch gepresster Zitronensaft

Für 8 Personen
Zubereitung: 30 Min. | Garen: 3 Std. 30 Min.
Pro Portion ca. 570 kcal, 11 g E, 16 g F, 93 g KH

1 Für den Reis Milch und Sahne in einen Topf geben. Die Vanilleschote längs aufschlitzen und das Mark herauskratzen. Den Zucker mit dem Zimt mischen, 4 EL beiseitestellen, den Rest mit Vanillemark und -schote in den Topf geben. Alles unter Rühren aufkochen. Vom Herd nehmen, ca. 10 Min. ziehen lassen, dann die Vanilleschote entfernen.

2 Eine hohe Auflaufform (ca. 25 cm x 30 cm) dick mit Butter einfetten. Den Backofen auf 130° vorheizen.

3 Den Reis in die Milch rühren, die Mischung in die Form füllen und im Ofen (Mitte, Umluft 120°) 3 Std. bis 3 Std. 30 Min. garen. Nach ca. 1 Std. beginnt sich eine feine Haut auf dem Milchreis zu bilden, diese mit ein wenig zurückbehaltenem Zimtzucker bestreuen. Den Milchreis weitergaren und in regelmäßigen Abständen nach und nach mit dem Rest des Zimtzuckers bestreuen. Der Reis ist fertig, wenn so gut wie alle Flüssigkeit aufgesogen ist und sich eine goldbraune Oberfläche gebildet hat.

4 Zwischendurch für das Kompott die Teeblätter mit 750 ml kochend heißem Wasser aufbrühen und ca. 5 Min. ziehen lassen (Früchtetee 15 Min.). Den Tee durch ein Sieb in einen Topf gießen, Nelken, Zimtstange, Zitronenschale und 3 EL Zucker dazugeben. Die Vanilleschote längs aufschlitzen und das Mark herauskratzen, beides ebenfalls in den Topf geben. Alles bei kleiner Hitze ca. 5 Min. leicht köcheln lassen. Dann das Backobst und die Rosinen unterrühren und aufkochen, anschließend 20 – 25 Min. offen bei kleiner Hitze köcheln lassen. Mit übrigem Zucker und Zitronensaft abschmecken und nur lauwarm oder auch ganz auskühlen lassen.

5 Vor dem Servieren eventuell Nelken, Zimtstange, Vanilleschote und Zitronenschale aus dem Kompott entfernen. Den Milchreis aus dem Ofen nehmen und vor dem Servieren noch ca. 10 Min. stehen lassen (er schmeckt warm oder kalt), dann Stücke abstechen, auf Tellern verteilen und mit dem kalten oder lauwarmen Backobstkompott servieren.

WEIHNACHTLICH GEWÜRZT

Apfelkompott aus dem Backofen

Im Ofen gegart bleiben die Apfelspalten ganz und bekommen eine sehr angenehm zarte und gleichzeitig stabile Konsistenz.

1 Bio-Orange
1 Bio-Zitrone
500 ml Apfelwein oder Cidre (ersatzweise Apfelsaft)
150 g Zucker
1 Sternanis
2 Zimtstangen
2 kg Äpfel
Außerdem:
ofenfeste Form
Alufolie
4 Twist-off-Gläser (jeweils 500 ml Inhalt)

Für 4 Gläser
Zubereitung: 25 Min. | Garen: 30 Min.
Pro Glas ca. 400 kcal, 1 g E, 2 g F, 82 g KH

1 Die Orange und die Zitrone heiß waschen und abtrocknen, von beiden Früchten die Schale so dünn abschälen, dass die weiße Haut darunter nicht mit entfernt wird. Orangen- und Zitronensaft auspressen. Apfelwein oder Cidre mit Zitrussaft und -schale, Zucker und den Gewürzen (Zimt vorher in Stücke brechen) aufkochen, bis sich der Zucker gelöst hat.

2 Backofen auf 160° (nur Ober- und Unterhitze verwenden) vorheizen. Die Äpfel schälen, vierteln und entkernen, jedes Apfelviertel in 2 – 3 Spalten schneiden. Apfelspalten eng in die ofenfeste Form schichten und mit dem Gewürzsirup begießen. Die Form mit Alufolie zudecken und in den Ofen (Mitte) schieben, die Äpfel ca. 30 Min. garen.

3 Form aus dem Ofen nehmen und Inhalt in ein Sieb gießen, ablaufenden Sirup auffangen und in einen Topf füllen, erhitzen. Die Apfelspalten (samt Zitrusschalen und Gewürzen) in die gut gesäuberten Gläser schichten. Den Sirup kurz aufkochen und in die Gläser gießen. Sofort verschließen.

TIPP

Verschlossen hält sich das Kompott bis zur nächsten Ernte. Angebrochene Gläser müssen in den Kühlschrank und rasch aufgebraucht werden.

VARIANTE

Genauso wie das Apfelkompott aus dem Backofen kann man auch ein Birnenkompott machen, denn die weihnachtlichen Gewürze passen ebenfalls sehr gut zu Birnen. Für das Kompott ersetzt man die Äpfel durch 2 kg Birnen und folgt ansonsten dem Rezept.

EIN TRAUM AUS SCHOKOLADE

Schokoladen-Flammeri mit Zimt-Vanille-Sahne

Für die Sahne:
1 Vanilleschote
1 Zimtstange
200 g Sahne
1 TL Puderzucker
Für den Flammeri:
100 g Zartbitterschokolade (70 % Kakao)
1 Ei (M)
Salz
60 g Zucker
1 Pck. Vanillezucker
500 ml Milch (3,5 % Fett)
4 EL Speisestärke
1 TL Kakaopulver
Außerdem:
Zucker zum Bestreuen
Schokospäne zum Garnieren

Für 4 Personen
Zubereitung: 30 Min | Ruhen: 12 Std.
Pro Portion ca. 520 kcal, 10 g E, 35 g F, 43 g KH

1 Am Vortag für die Sahne die Vanilleschote längs aufschneiden und Mark herauskratzen. Mark mit Schote, Zimtstange und Sahne in eine Flasche oder ein Schraubglas füllen und zum Aromatisieren ca. 12 Std. – am besten über Nacht – in den Kühlschrank stellen.

2 Am nächsten Tag für den Flammeri Schokolade in Stücke brechen. Ei trennen, Eiweiß mit 1 Prise Salz und 1 EL Zucker steif schlagen und kühl stellen. Eigelb mit Vanillezucker verquirlen. 100 ml Milch mit Stärke verrühren. Die restliche Milch erhitzen, Schokolade, Kakao und übrigen Zucker darin unter Rühren schmelzen. Angerührte Stärke untermischen und rühren, bis die Masse eindickt. Topf vom Herd ziehen, Eigelb unter den Flammeri rühren und Eischnee locker unterheben. Auf Dessertschalen verteilen und hauchdünn mit Zucker bestreuen, damit sich keine Haut bildet. Abkühlen lassen. Gewürzte Sahne mit dem Puderzucker steif schlagen (Vanilleschote und Zimtstange vorher entfernen) und jeweils 1 Klecks auf die Flammeri geben. Mit Schokospänen garniert servieren.

KOMMT IMMER GUT AN

Kaiserschmarren

120 g Mehl
250 ml Milch
3 EL Zucker
1 Prise Salz
4 Eier
1 Prise gemahlener Kardamom
1 TL abgeriebene Schale von 1 Bio-Orange
50 g Butter
30 g Rosinen
Puderzucker zum Bestäuben

Für 4 Personen
Zubereitung: 30 Min.
Pro Portion ca. 390 kcal, 13 g E, 20 g F, 40 g KH

1 Das Mehl mit der Milch, 1 EL Zucker und Salz glatt rühren. Die Eier trennen. Die Eigelbe mit dem gemahlenen Kardamom und der Orangenschale unter den Teig rühren. Die Eiweiße steif schlagen, auf den Teig geben und vorsichtig unterheben.

2 Die Butter in einer großen Pfanne schmelzen lassen. Den Teig dazugeben, bei kleiner Hitze kurz anbacken. Den Kaiserschmarren mit Rosinen bestreuen, auf einen Teller gleiten lassen, wenden und fertig backen.

3 Den Kaiserschmarren mit zwei Gabeln in mundgerechte Stücke teilen und im Backofen bei 100° warm halten. 2 EL Zucker in der Pfanne schmelzen lassen, den Kaiserschmarren dazugeben und unter Rühren leicht karamellisieren lassen. Mit Puderzucker bestreuen und sofort servieren.

TIPP

Den Backofen auf 180° vorheizen. Den Kaiserschmarren wie beschrieben in einer Pfanne mit hitzebeständigem Griff kurz anbacken und im Backofen in 6 – 8 Min. fertig backen. Den Kaiserschmarren herausnehmen, in Stücke teilen und wie beschrieben karamellisieren.

VARIANTE

Statt Zucker 2 EL Puderzucker in einer Pfanne schmelzen und 50 g Haselnussblättchen darin leicht karamellisieren lassen. Mit 1 kräftigen Prise Spekulatiusgewürz würzen und unter den fertigen Kaiserschmarren mischen.

EINFACH NUR LECKER!

Germknödel mit Mohnbutter

Der Skihütten-Klassiker schmeckt auch daheim einfach phänomenal! Und durch das Dämpfen wird der Hefeteig besonders locker und saftig.

Für die Knödel:
250 ml Milch
1 Würfel Hefe (42 g)
80 g Zucker
500 g Mehl
1 Prise Salz
100 g sehr weiche Butter
3 Eigelb (M)
250 g Pflaumenmus (Powidl)
Puderzucker zum Bestäuben
Mehl zum Arbeiten
2 große Dämpfeinsätze
Für die Mohnbutter:
150 g Butter
80 g gemahlener Mohn
2 Pck. Vanillezucker

Für 8 Personen
Zubereitung: 45 Min. | Ruhen: 1 Std. 20 Min.
Pro Portion ca. 590 kcal, 13 g E, 19 g F, 93 g KH

1 Für die Knödel die Milch lauwarm erhitzen. Die Hefe in eine kleine Schüssel bröckeln und mit 1 TL Zucker und 100 ml Milch verrühren. Den Hefeansatz zugedeckt an einem warmen Ort ca. 15 Min. gehen lassen.

2 Mehl mit Salz und übrigem Zucker in einer Schüssel mischen, in die Mitte eine Mulde drücken. Butter in Flöckchen an den Rand setzen. Übrige Milch, Eigelbe und den Hefeansatz in die Mulde geben. Alles mit den Knethaken des Handrührgeräts in ca. 5 Min. zu einem glatten, geschmeidigen Teig verarbeiten. In die bemehlte Schüssel geben, mit einem Küchentuch abdecken und ca. 45 Min. gehen lassen, bis sich das Volumen verdoppelt hat.

3 Dann den Teig nochmals kräftig durchkneten und in 8 Portionen teilen. Jede Portion auf einer leicht bemehlten Arbeitsfläche mit dem Handrücken zu einem 1,5 cm hohen Teigfladen flach drücken. Je 1 EL Pflaumenmus in die Mitte der Fladen setzen, Teig von allen Seiten darüberschlagen, fest schließen und zu Knödeln formen. Die Teigknödel auf ein bemehltes Arbeitsbrett (noch besser: ein mit Backpapier ausgelegtes Backblech, das man dann idealerweise in den leicht angewärmten Ofen schieben kann) setzen und ein Küchentuch darüberlegen, weitere ca. 20 Min. gehen lassen.

4 Dämpfeinsätze jeweils mit einem Küchentuch auslegen und in einen weiten großen Topf stellen, der 2 cm hoch mit Wasser gefüllt ist. Wasser zum Kochen bringen. Je 4 Knödel mit 3 – 4 cm Abstand zueinander in jeden Einsatz legen. Töpfe mit den Deckeln schließen und die Knödel 10 – 15 Min. bei mittlerer Hitze im Dampf garen lassen. (Wer nur 1 Dämpfeinsatz zu Hause hat, gart die Knödel einfach portionsweise nacheinander.)

5 Kurz vor Garzeitende für die Mohnbutter Butter in einer Pfanne bei mittlerer Hitze aufschäumen lassen, den Mohn einrühren und ca. 2 Min. unter Rühren rösten. Pfanne vom Herd nehmen und den Vanillezucker unter die Butter rühren.

6 Die Töpfe mit den fertigen Germknödeln vom Herd nehmen, ca. 2 Min. warten, dann die Knödel herausheben, auf Teller verteilen und sofort mit der heißen Mohnbutter begießen. Mit etwas Puderzucker bestäuben und servieren. Wer mag, kann die Germknödel zusätzlich oder anstelle der Mohnbutter auch mit Vanillesauce servieren.

Bergische Waffeln mit Kirschen

Frisch schmeckt diese Bergische Spezialität zusammen mit dem aromatischen Kirsch-Kompott und einem Klecks Sahne außerordentlich gut.

Für das Kompott:
100 g Puderzucker
1 Glas Schattenmorellen (720 ml)
1 kleine Zimtstange
1 Gewürznelke
1 TL Speisestärke
Für die Waffeln:
200 g weiche Butter
100 g Zucker
Salz
1 Pck. Vanillezucker
4 Eier
150 g Mehl
100 g gemahlene Mandeln
3 EL Rum (ersatzweise Milch)
250 g Sahne
1 EL Zucker
Außerdem:
Fett fürs Waffeleisen
Puderzucker zum Bestäuben

Für 10 Waffeln
Zubereitung: 60 Min.
Pro Stück ca. 510 kcal, 7 g E, 33 g F, 43 g KH

1 Für das Kompott den Puderzucker in einem Topf bei starker Hitze schmelzen. Die Kirschen und ihren Saft, Zimtstange und Nelke dazugeben und offen ca. 5 Min. sprudelnd kochen lassen.

2 Die Speisestärke mit etwas kaltem Wasser glatt rühren. In die heiße Kirschsauce rühren und unter Rühren aufkochen lassen. Das Kompott zugedeckt abkühlen lassen. Vor dem Servieren die Zimtstange und die Nelke entfernen.

3 Für die Waffeln Butter, Zucker, 1 Prise Salz und den Vanillezucker schaumig rühren. Die Eier einzeln einrühren. Mehl und Mandeln mischen und mit dem Rum unterrühren. Den Teig zugedeckt bei Zimmertemperatur ca. 10 Min. ruhen lassen.

4 Das Waffeleisen vorheizen, die vier Backflächen dünn einfetten. Je gut 2 EL Teig auf die unteren Backflächen geben. Die Waffeln nacheinander in 2–3 Min. goldgelb backen. Auf einen Kuchenrost legen und weiter so verfahren, bis der Teig verbraucht ist.

5 Die Sahne mit etwas Zucker steif schlagen. Jede Waffel mit einem Klecks Kompott und Sahnerosette garnieren. Mit gesiebtem Puderzucker bestäuben und servieren.

GUT ZU WISSEN

Die bergische Kaffeetafel ist der Inbegriff der Gastlichkeit und die bekannteste kulinarische Spezialität des Bergischen Landes. Auf dem hübsch gedeckten Tisch stehen neben der Dröppelminna – die typische Kaffeekanne mit dem Hähnchen – ein lockeres Hefegebäck, der Hefeplatz mit oder ohne Rosinen, Rodonkuchen, Milchreis mit Zimtzucker, verschiedene Brotsorten, Zwieback, süße Brotaufstriche, Wurst, Käse, Quark und Schinken. Und natürlich dürfen die backfrischen Waffeln mit heißem oder abgekühltem Kirschkompott und frisch geschlagener Sahne nicht fehlen!

DIE MUTTER ALLER KUCHEN

Gugelhupf mit Walnüssen und Äpfeln

Lässt man diesen Gugelhupf noch einen Tag durchziehen, schmeckt er besonders lecker. Aber auch frisch aus dem Ofen ist er einfach ein Gedicht!

80 g getrocknete Apfelringe
100 ml Calvados (Apfelbrand, ersatzweise Rum oder schwarzer Tee)
ca. ¾ Würfel Hefe (30 g)
120 g Zucker
200 ml lauwarme Milch
100 g Walnusskerne
150 g weiche Butter
4 Eigelb (M)
1 Ei (M)
3 Msp. Zimtpulver
abgeriebene Schale von ½ Bio-Zitrone
500 g Mehl
Außerdem:
Butter und Mehl für die Form
Puderzucker zum Bestäuben

Für 1 Gugelhupfform (18 Stücke/ca. 2 l)
Einweichen: 12 Std. | Zubereitung: 30 Min. |
Ruhen: 1 Std. | Backen: 45 Min.
Pro Stück ca. 280 kcal, 5 g E, 13 g F, 32 g KH

1 Am Vortag die Apfelringe in kleine Stücke schneiden, in einem Schälchen mit dem Calvados übergießen und mit einem zweiten Schälchen beschweren. Die Apfelstücke ca. 12 Std. – am besten über Nacht – durchziehen lassen.

2 Am nächsten Tag die Hefe in ein Schälchen zerbröckeln und 1 TL Zucker darüberstreuen. Die Hälfte der Milch über die Hefe gießen und alles verrühren. Den Hefeansatz zugedeckt an einem warmen Ort ca. 15 Min. gehen lassen.

3 Inzwischen die Walnusskerne hacken. Die Apfelstücke in ein Sieb abgießen, dabei den Calvados auffangen. Die Form mit reichlich Butter einfetten und mit Mehl ausstäuben. Die Butter mit den Schneebesen des Handrührgeräts cremig rühren, dabei den restlichen Zucker nach und nach einrieseln lassen. Die Eigelbe nacheinander dazugeben und jeweils gut unterrühren, erst dann das nächste dazugeben. Zuletzt das ganze Ei, den Apfelsud, Zimt und Zitronenschale unterrühren.

4 Die Apfelstücke in etwas Mehl wenden und beiseitestellen, das restliche Mehl zu der Butter-Ei-Mischung geben. Hefeansatz und übrige lauwarme Milch dazugeben und alles mit den Knethaken des Handrührgeräts oder von Hand kräftig durchkneten. Das kann 5 – 6 Min. dauern, der Teig sollte am Ende glänzend und nicht zu fest sein. Sollte er zu weich sein, nochmals etwas Mehl dazugeben. Dann zügig Walnüsse und Apfelstücke untermischen und den Teig in die Form füllen. Mit einem sauberen Geschirrtuch abdecken und an einem lauwarmen oder kühlen Ort 40 – 60 Min. gehen lassen.

5 Den Backofen auf 180° vorheizen. Den Gugelhupf im heißen Ofen (Mitte, Umluft 160°) in 40 – 45 Min. goldbraun backen, dabei eventuell gegen Ende der Backzeit mit Backpapier abdecken, damit er nicht zu dunkel wird. Aus dem Ofen nehmen, 5 – 10 Min. abkühlen lassen, aus der Form stürzen und vollständig auskühlen lassen. Mit Puderzucker bestäuben. Der Gugelhupf schmeckt am besten, wenn er einen Tag durchgezogen ist.

Register

IMPRESSUM

König & Berg ist ein Imprint der GRÄFE UND UNZER VERLAG GmbH

AUTOREN
Dagmar von Cramm, Sebastian Dickhaut, Tanja Dusy, Hans Gerlach, Gina Greifenstein, Reinhardt Hess, Angelika Ilies, Christina Kempe, Martin Kintrup, Kristiane Müller-Urban, Cornelia Schinharl, Sabine Schlimm, Christa Schmedes, Marco Seifried, Thomas Thielemann, Anne-Katrin Weber

BILDNACHWEIS
Barbara Bonisolli: 17, 35, 38, 39, 48, 51, 60, 67; Michael Brauner: 110; Food Art Factory/Einwanger: 23, 41, 52, 57, 64, 81, 82, 85, 89, 93, 95, 96, 97, 101, 103, 105, 113, 117, 122, 125, 130, 133, 135, 137; Julia Hoersch: 7, 15, 45, 70, 91, 119; Ulrike Holsten: 21, 24, 29, 30, 129; Kramp/Gölling: 2, 106; Jana Liebenstein: 36, 55, 63, 69; Jörn Rynio: 4, 138; Wolfgang Schardt: 12, 16, 32, 38, 47, 74, 78, 83, 86, 92, 98, 114; Ulrike Schmid und Sabine Mader: 9, 11, 18, 26, 27, 31, 42, 58, 61, 73, 77, 102, 109, 111, 120, 121, 126, 127, 134, 141; Peter Schulte: 116; Studio L'Eveque, Tanja & Harry Bischof: 8

Umschlag: Barbara Bonisolli (Klappe hinten, hinten oben links, hinten unten links, hinten unten rechts), Klaus-Maria Einwanger (vorne oben links, vorne oben rechts, vorne unten links, hinten oben rechts), Jana Liebenstein (vorne oben Mitte), Ulrike Schmid und Sabine Mader (vorne unten rechts, hinten oben Mitte)

GESAMTPRODUKTION DER DEUTSCHEN AUSGABE
h3a GmbH, München

UMSCHLAG UND INNENLAYOUT
Zero Werbeagentur, München

REPRODUKTION
Repro Ludwig, Zell am See

DRUCK UND BINDUNG
Polygraf Print, Prešov

ISBN: 978-3-8338-5780-5
1. Auflage 2016